AF271483

HOSTELERÍA Y TURISMO

Operaciones básicas de cocina

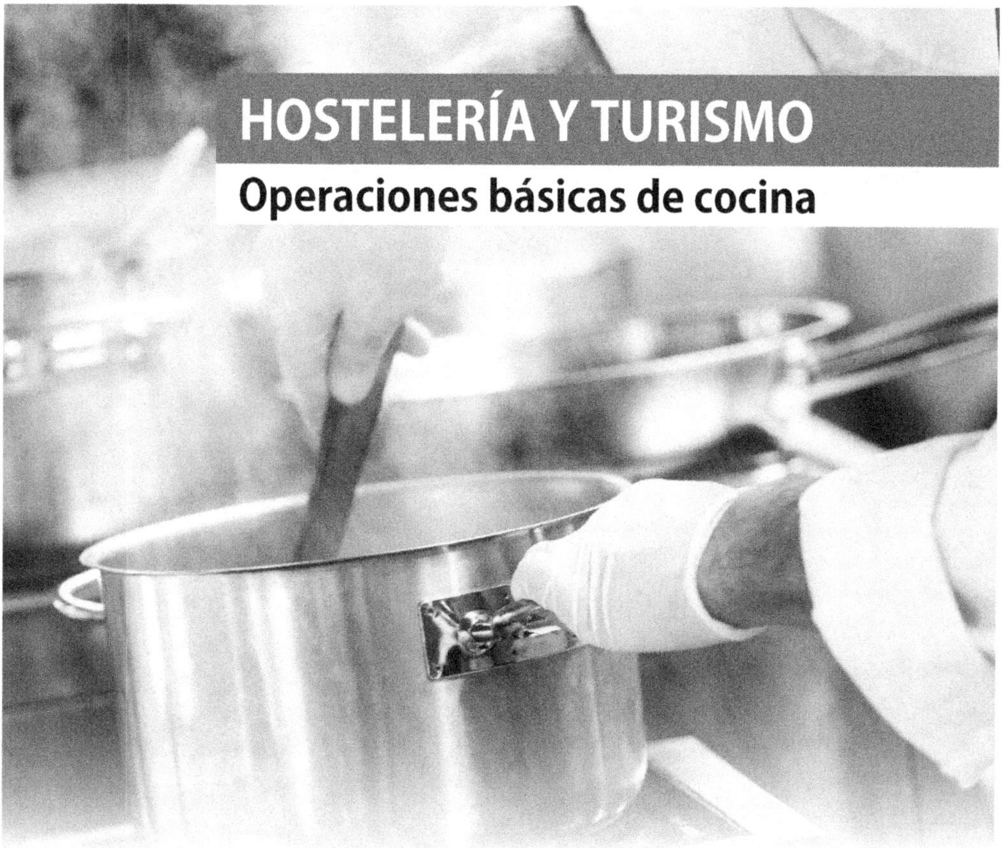

Elaboración culinaria básica

eRodio

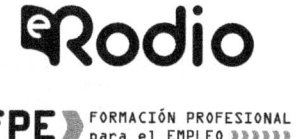

FPE FORMACIÓN PROFESIONAL para el EMPLEO

Autor

JOSÉ ANTONIO MOLINA MOLINA
Rkr Eventos

Coordinador

JOSÉ AMADOR SANCHO FRÍAS
Licenciado en Economía

©Ediciones Rodio, S. Coop. And.
©El autor
Primera edición, julio 2014 (248 páginas)
Diseño de portada: Ediciones Rodio, S. Coop. And.
Edita: Ediciones Rodio, S. Coop. And.
Alameda de Hércules, 32-33. 1.ª planta. 41002-Sevilla
Teléfono: 955 28 74 84
Fax: 955 09 38 48
www.edicionesrodio.com
info@edicionesrodio.com
ISBN: 978-84-16232-13-0

Reservados todos los derechos. El contenido de esta obra está protegido por la Ley, que establece penas de prisión y/o multas, además de las correspondientes indemnizaciones por daños y perjuicios, para quienes reprodujeren, plagiaren, distribuyeren o comunicaren públicamente, en todo o en parte, una obra literaria, artística o científica, o su transformación, interpretación o ejecución artística fijada en cualquier tipo de soporte o comunicada a través de cualquier otro medio, sin la preceptiva autorización.

Índice

Capítulo inicial. El Certificado de Profesionalidad 13

UNIDAD FORMATIVA 1. Aplicación de normas y condiciones higiénico-sa-
nitarias en restauración 27

    Capítulo 1. Aplicación de las normas y condiciones de seguridad en las
    zonas de producción y servicio de alimentos y bebidas 29

    Capítulo 2. Cumplimiento de las normas de higiene alimentaria y manipu-
    lación de alimentos 77

    Capítulo 3. Limpieza de instalaciones y equipos propios de las zonas
    de producción y servicio de alimentos y bebidas 123

    Capítulo 4. Uso de uniformes y equipamiento personal de seguridad en las
    zonas de producción y servicio de alimentos y bebidas 151

      Actividades 159

UNIDAD FORMATIVA 2. Realización de elaboraciones básicas y elemen-
tales de cocina y asistir en la elaboración culinaria 173

    Capítulo 1. Realización de elaboraciones culinarias básicas y sencillas
    de multiples aplicaciones 175

    Capítulo 2. Realización de elaboraciones elementales de cocina 195

    Capítulo 3. Participación en la mejora de la calidad 207

      Actividades 211

UNIDAD FORMATIVA 3. Elaboración de platos combinados y aperitivos... 219

    Capítulo 1. Elaboración de platos combinados y aperitivos sencillos 221

    Capítulo 2. Participación en la mejora de la calidad 233

      Actividades 237

Solucionario 241

Presentación

Este Manual desarrolla, con rigor y profundidad, el Módulo Formativo: MF0256_1: "Elaboración culinaria básica", que incluye las siguientes Unidades Formativas: UF0053: "Aplicación de normas y condiciones higiénico-sanitarias", UF0056: "Realización de elaboraciones básicas y elementales de cocina y asistir en la elaboración culinaria" y UF0057: "Elaboración de platos combinados y aperitivos".

Dicho Módulo pertenece al Certificado de Profesionalidad HOTR0108: "Operaciones básicas de cocina (RD 1376/2008, modificado por RD 619/2013), con Nivel de cualificación profesional: 1, de la Familia Profesional de "Hostelería y turismo".

Los contenidos oficiales están desarrollados completamente y expuestos con claridad, dotándolos de una estructura lógica y didáctica adaptada a la materia tratada.

En cada capítulo se incluyen actividades y ejercicios prácticos, con objeto de comprender, asimilar y memorizar los contenidos expuestos. Al final del libro, encontrará el solucionario de dichos ejercicios.

En nuestra página web **www.edicionesrodio.com** encontrará información adicional sobre este certificado de Profesionalidad.

La Formación Profesional para el empleo y los certificados de profesionalidad

Los Certificados de Profesionalidad

Regulados por el Real Decreto 34/2008, de 18 de enero, son el instrumento de acreditación oficial de las cualificaciones profesionales del Catálogo Nacional de Cualificaciones Profesionales en el ámbito de la administración laboral.

Acreditan el conjunto de competencias profesionales que capacitan para el desarrollo de una actividad laboral identificable en el sistema productivo sin que ello constituya regulación del ejercicio profesional.

Tienen carácter oficial y validez en todo el territorio nacional y son expedidos por el Servicio Público de Empleo Estatal y los órganos competentes de las Comunidades Autónomas.

Se obtienen a través de dos vías:

- Superando todos los módulos que integran el certificado de profesionalidad.
- Siguiendo los procedimientos establecidos para la evaluación y acreditación de las competencias profesionales adquiridas a través de la experiencia laboral o de vías no formales de formación.

Por otro lado, el Real Decreto 189/2013, de 15 de marzo, tiene por objeto introducir las modificaciones de la regulación de los certificados de profesionalidad en relación con el nuevo contrato para la formación y el aprendizaje, con la formación profesional dual, así como en relación con su oferta e implantación y con aquellos aspectos que dan garantía de calidad al sistema. También, normaliza los requerimientos para la acreditación de centros con oferta de teleformación, así como de sus tutores-formadores, amplía la participación en la oferta formativa a los centros de iniciativa privada y a las empresas y establece medidas para favorecer la gestión eficaz de esta oferta y para mejorar el seguimiento de la calidad en el desarrollo de la actividad formativa.

El Catálogo Nacional de Cualificaciones Profesionales (CNCP)

Es el instrumento del Sistema Nacional de las Cualificaciones y Formación Profesional (SNCFP) que ordena las cualificaciones profesionales susceptibles de reconocimiento y acreditación, identificadas en el sistema productivo en función de las competencias apropiadas para el ejercicio profesional.

Comprende las cualificaciones profesionales más significativas del sistema productivo español, organizadas en familias profesionales y niveles. Constituye la base para elaborar la oferta formativa de los títulos y los certificados de profesionalidad.

El CNCP incluye el contenido de la formación profesional asociada a cada cualificación, de acuerdo con una estructura de módulos formativos articulados.

Familias Profesionales y Niveles de Cualificación

FAMILIAS PROFESIONALES		NIVELES DE CUALIFICACIÓN
• Agraria • Marítimo-Pesquera • Industrias Alimentarias	Nivel 1	Competencia en un conjunto reducido de actividades simples, dentro de procesos normalizados.Conocimientos y capacidades limitados.
• Química • Imagen Personal • Sanidad • Seguridad y Medio Ambiente • Fabricación Mecánica	Nivel 2	Competencia en actividades determinadas que pueden ejecutarse con autonomía.Capacidad de utilizar instrumentos y técnicas propias. Conocimientos de fundamentos técnicos y científicos de la actividad del proceso.
• Electricidad y Electrónica • Energía y Agua • Instalación y Mantenimiento • Industrias Extractivas • Transporte y Mantenimiento de Vehículos	Nivel 3	Competencia en actividades que requieren dominio de técnicas y se ejecutan con autonomía.Responsabilidad de supervisión de trabajo técnico y especializado.Comprensión de los fundamentos técnicos y científicos de las actividades y del proceso.
• Edificación y Obra Civil • Vidrio y Cerámica • Madera, Mueble y Corcho • Textil, Confección y Piel • Artes Gráficas • Imagen y Sonido	Nivel 4	Competencia en un amplio conjunto de actividades complejas.Diversidad de contextos con variables técnicas científicas, económicas u organizativas.Responsabilidad de supervisión de trabajo y asignación de recursos.Capacidad de innovación para planificar acciones, desarrollar proyectos, procesos, productos o servicios.
• Informática y Comunicaciones • Administración y Gestión • Comercio y Marketing • Servicios Socioculturales y a la Comunidad • Hostelería y Turismo • Actividades Físicas y Deportivas • Artes y Artesanías	Nivel 5	Competencia en un amplio conjunto de actividades muy complejas ejecutadas con gran autonomía. Diversidad de contextos que resultan, a menudo, impredecibles. Planificación de acciones y diseño de productos, procesos o servicios.Responsabilidad en dirección y gestión.

© Ediciones Rodio

FONDO SOCIAL EUROPEO
El FSE invierte en tu futuro

SERVICIO PÚBLICO DE EMPLEO ESTATAL

MINISTERIO DE TRABAJO E INMIGRACIÓN

Familia profesional: **HOSTELERÍA Y TURISMO**

Área profesional: **Restauración**

FICHA DE CERTIFICADO DE PROFESIONALIDAD

(HOTR0108) OPERACIONES BÁSICAS DE COCINA (RD 1376/2008, de 1 de agosto, modificado por el RD 619/2013, de 2 de agosto)

COMPETENCIA GENERAL: Preelaborar alimentos, preparar y presentar elaboraciones culinarias sencillas y asistir en la preparación de elaboraciones más complejas, ejecutando y aplicando operaciones, técnicas y normas básicas de manipulación, preparación y conservación de alimentos.

NIV.	Cualificación profesional de referencia		Unidades de competencia	Ocupaciones o puestos de trabajo relacionados:
1	HOT091_1: OPERACIONES BÁSICAS DE COCINA. (RD 295/2004 de 20 de febrero)	UC0255_1	Ejecutar operaciones básicas de aprovisionamiento, preelaboración y conservación culinarios.	• Ayudante de cocina • Auxiliar de cocina. • Empleado de pequeño establecimiento de restauración. • 5150.009.6 Encargado de economato y bodega (hostelería).
		UC0256_1	Asistir en la elaboración culinaria y realizar y presentar preparaciones sencillas.	

Correspondencia con el Catálogo Modular de Formación Profesional

H. Q	Módulos certificado	H. CP	Unidades formativas	Horas
120	MF0255_1: Aprovisionamiento, preelaboración y conservación culinarios.	120	UF0053: Aplicación de normas y condiciones higiénico-sanitarias en restauración.	30
			UF0054: Aprovisionamiento de materias primas en cocina.	30
			UF0055: Preelaboración y conservación culinarias	60
230	MF0256_1: Elaboración culinaria básica.	180	UF0053: Aplicación de normas y condiciones higiénico-sanitarias en restauración.	30
			UF0056: Realización de elaboraciones básicas y elementales de cocina y asistir en la elaboración culinaria	90
			UF0057: Elaboración de platos combinados y aperitivos.	60
	MP0014: Módulo de prácticas profesionales no laborales.	80		
350	**Duración horas totales certificado de profesionalidad**	350	**Duración horas módulos formativos**	270

Capítulo inicial

》》》》》》》》》》》》》》》》》》》》》》》》》》》》》》》》》》》》

El Certificado de Profesionalidad

CUALIFICACIÓN PROFESIONAL: OPERACIONES BÁSICAS DE COCINA

Familia Profesional: Hostelería y Turismo

Nivel: 1

Código: HOT091_1

Competencia general: Preelaborar alimentos, preparar y presentar elaboraciones culinarias sencillas y asistir en la preparación de elaboraciones más complejas, ejecutando y aplicando operaciones, técnicas y normas básicas de manipulación, preparación y conservación de alimentos.

Unidades de competencia:

- UC0255_1: Ejecutar operaciones básicas de aprovisionamiento, preelaboración y conservación culinarios.
- UC0256_1: Asistir en la elaboración culinaria y realizar y presentar preparaciones sencillas.

Entorno profesional:

Ámbito profesional: Desarrolla su actividad profesional, como auxiliar o ayudante, tanto en grandes como en medianas y pequeñas empresas, principalmente del sector de hostelería. En pequeños establecimientos de restauración puede desarrollar su actividad con cierta autonomía.

Sectores productivos: Esta cualificación se ubica, principalmente, en sectores y subsectores productivos y de prestación de servicios en los que se desarrollan procesos de preelaboración y elaboración de alimentos y bebidas, como sería el sector de hostelería y, en su marco, los subsectores de hotelería y restauración (tradicional, evolutiva y colectiva). También en establecimientos dedicados a la preelaboración y comercialización de alimentos crudos, tiendas especializadas en comidas preparadas, empresas dedicadas al almacenamiento, envasado y distribución de productos alimenticios, etc.

Ocupaciones y puestos de trabajo relevantes:

Sin carácter de exclusividad, pueden mencionarse los siguientes:

- Auxiliar de cocina.

- Ayudante de cocina.

- Ayudante de economato.

- Empleado de pequeño establecimiento de restauración.

Formación asociada (350 horas).

Módulos Formativos:

- MF0255_1: Aprovisionamiento, preelaboración y conservación culinarios. (120 horas).

- MF0256_1: Elaboración culinaria básica. (230 horas).

Unidad de competencia 1: Ejecutar operaciones básicas de aprovisionamiento, preelaboración y conservación culinarios

Nivel: 1

Código: UC0255_1

Realizaciones profesionales y criterios de realización:

- RP1: Realizar la recepción, distribución y almacenamiento de las mercancías, para su uso posterior, de acuerdo con criterios de calidad e instrucciones prefijadas.

  ▷ CR1.1 La limpieza de superficies, equipos y utillaje se realiza usando los productos adecuados, utilizando de seguridad e higiene.

  ▷ CR1.2 Las instrucciones de seguridad, uso y manipulación de productos utilizados en la limpieza y puesta a punto se cumplen, teniendo en cuenta su posible toxicidad y posibilidad de contaminación medioambiental.

© Ediciones Rodio

▷ CR1.3 Las instrucciones relativas al mantenimiento de equipos, máquinas y útiles se interpretan y aplican para su correcta conservación.

▷ CR1.4 Al recibir las materias primas solicitadas se comprueba que cumplen con:

- ° Las unidades y pesos netos establecidos.
- ° La calidad definida.
- ° La fecha de caducidad.
- ° El embalaje adecuado.
- ° La temperatura de conservación idónea.
- ° Los registros sanitarios.

▷ CR1.5 Las mercancías se almacenan teniendo en cuenta:

- ° Sus características organolépticas.
- ° Temperatura y grado de humedad de conservación.
- ° Normas básicas de almacenamiento.
- ° Indicaciones del producto.
- ° Factores de riesgo.
- ° Criterios de racionalización que facilitan su aprovisionamiento y distribución.

▷ CR1.6 Las fichas de almacén se formalizan cumpliendo con los procedimientos establecidos.

▷ CR1.7 Las disfunciones o anomalías observadas se informan con prontitud a la persona adecuada, notificando las bajas por mal estado o rotura.

▷ CR1.8 Se participa en la mejora de la calidad durante todo el proceso.

– RP2: Realizar el aprovisionamiento interno de géneros y utensilios culinarios, para su utilización posterior en la preelaboración de alimentos, en función de las materias primas y necesidades de manipulación.

▷ CR2.1 El aprovisionamiento interno de materias primas y utensilios se realiza siguiendo el plan de trabajo establecido.

▷ CR2.2 Los vales o documentos similares para el aprovisionamiento interno se formalizan siguiendo instrucciones previas.

▷ CR2.3 Los géneros necesarios para la realización de las operaciones culinarias se distribuyen a las partidas siguiendo instrucciones previas.

▷ CR2.4 El acopio de utensilios se realiza teniendo en cuenta las necesidades establecidas en el plan de trabajo.

▷ CR2.5 Las existencias mínimas de materias primas se comprueban y se comunica su cantidad a la persona o departamento adecuados.

▷ CR2.6 La normativa de manipulación de alimentos se aplica durante todo el proceso.

▷ CR2.7 Se participa en la mejora de la calidad durante todo el proceso.

- RP3: Manipular y preelaborar materias primas en crudo según necesidades, normativa higiénico-sanitaria de manipulación e instrucciones recibidas, para su posterior utilización culinaria o comercialización.

▷ CR3.1 Las tareas se realizan siguiendo la orden de trabajo, o procedimiento que la sustituya, teniendo en cuenta:

○ La puesta a punto del local y de la maquinaria.

○ La preparación y disposición de los útiles y herramientas necesarios.

○ El aprovisionamiento y disposición de las materias primas. siguiendo instrucciones y teniendo en cuenta:

▷ CR3.2 La preparación de los vegetales se realiza siguiendo instrucciones y teniendo en cuenta:

○ La aplicación de técnicas básicas de manipulación y tratamiento de vegetales en crudo.

○ La utilización, en su caso, de las técnicas de cocción establecidas con respecto a aquellos vegetales que lo necesiten una vez finalizada su manipulación en crudo.

▷ CR3.3 La preparación de los pescados, mariscos, aves, caza y piezas de carne se realiza siguiendo instrucciones y teniendo en cuenta:

○ La aplicación de técnicas básicas de limpieza, descamado, eviscerado o manipulación.

○ La aplicación de técnicas de preelaboración de piezas de carne, tales como limpieza, cortado, picado, fraccionado y despiezado.

▷ CR3.4 El racionado, troceado o picado de las materias se realiza teniendo en cuenta su utilización o comercialización posterior y su máximo aprovechamiento.

▷ CR3.5 La temperatura requerida durante el proceso se mantiene actuando sobre los reguladores de los equipos de calor y de frío utilizados.

▷ CR3.6 Los utensilios y equipos utilizados en el proceso se limpian, aplicando los productos y métodos establecidos.

▷ CR3.7 Los equipos y medios energéticos establecidos para la realización de los procesos se utilizan racionalmente, evitando consumos, costes y desgastes innecesarios.

▷ CR3.8 La normativa de manipulación de alimentos se aplica durante todo el proceso, evitando fuentes de contaminación.

▷ CR3.9 Se participa en la mejora de la calidad durante todo el proceso.

© Ediciones Rodio

– RP4: Aplicar métodos sencillos de conservación, envasado y regeneración de géneros y elaboraciones culinarios que resulten aptos para su posterior consumo o distribución, siguiendo instrucciones o normas establecidas.

   ▷ CR4.1 La conservación, envasado y regeneración de los géneros y elaboraciones culinarios se realiza para su distribución, siguiendo las instrucciones recibidas y presentando el producto de acuerdo con las normas definidas, teniendo en cuenta:

      ° Las características del género o elaboración de cocina en cuestión.

      ° Los procedimientos establecidos.

      ° Los recipientes, envases y equipos asignados. Las temperaturas adecuadas.

      ° En su caso, técnicas de abatimiento rápido de temperaturas y de congelación.

      ° En su caso, técnicas preestablecidas de envasado tradicional o al vacío.

   ▷ CR4.2 La regeneración de las preparaciones culinarias se realiza utilizando métodos sencillos preestablecidos.

   ▷ CR4.3 La temperatura requerida durante el proceso se mantiene actuando sobre los reguladores de los equipos de calor y de frío utilizados.

   ▷ CR4.4 Los utensilios y equipos utilizados en el proceso se limpian, aplicando los productos y métodos determinados, con la frecuencia establecida.

   ▷ CR4.5 Los equipos y medios energéticos establecidos para la realización de los procesos se utilizan de forma racional, evitando consumos, costes y desgastes innecesarios.

   ▷ CR4.6 La normativa de manipulación de alimentos se aplica durante todo el proceso.

   ▷ CR4.7 Se participa en la mejora de la calidad durante todo el proceso.

Contexto profesional:

Medios de producción y/o creación de servicios: Equipos e instrumentos de medida. Almacenes. Equipos de refrigeración. Mobiliario específico de cuarto frío. Equipos de frío. Equipos generadores de ozono. Maquinaria propia de un cuarto frío, abatidores de temperatura, máquinas de vacío. Equipos de cocción. Pilas estáticas y móviles para lavar verduras y pescados, escurridores de verduras. Utensilios y herramientas de distintos tipos, propios de la preelaboración. Materias primas crudas y coadyuvantes. Elaboraciones culinarias sencillas de todo tipo. Material de acondicionamiento. Productos de limpieza. Combustibles. Uniformes y lencería apropiados. Extintores y sistemas de seguridad.

Productos o resultados del trabajo: Registro de datos correspondientes a recepción, almacenamiento y distribución en los soportes establecidos cumplimentado. Géneros y elaboraciones culinarias sencillas preparados para el almacenamiento, conservación, envasado, elaboración de platos o distribución comercial.

Información utilizada o generada: Documentos normalizados (inventarios, «relevés», vales de pedidos y transferencias, «comandas», facturas, albaranes, fichas de especificación técnica, consumos, etc.). Manuales de procesos normalizados. Manuales de funcionamiento de equipos, maquinaria e instalaciones. Órdenes de trabajo. Fichas técnicas sobre manipulación de alimentos en crudo. Tablas de temperaturas apropiadas. Normas de seguridad e higiénico-sanitarias y de manipulación de alimentos.

Unidad de competencia 2: Asistir en la elaboración culinaria y realizar y presentar preparaciones sencillas

Nivel: 1

Código: UC0256_1

Realizaciones profesionales y criterios de realización:

– RP1: Realizar las diferentes operaciones de limpieza y puesta a punto de equipos y utillaje en el área de producción culinaria, respetando las normas higiénico-sanitarias y las instrucciones recibidas.

   ▷ CR1.1 La limpieza de superficies, equipos y utillaje se realiza usando los productos adecuados, utilizando la ropa de trabajo establecida y aplicando las normas de seguridad e higiene.

   ▷ CR1.2 Las instrucciones de seguridad, uso y manipulación de productos utilizados en la limpieza y puesta a punto se cumplen, teniendo en cuenta su posible toxicidad y contaminación medioambiental.

   ▷ CR1.3 Las instrucciones relativas al mantenimiento de equipos, máquinas y útiles se interpretan y aplican para su correcta conservación.

   ▷ CR1.4 Las disfunciones y anomalías observadas se comunican con prontitud a la persona adecuada.

– RP2: Preparar y presentar, de acuerdo con la definición del producto y técnicas sencillas de elaboración, preparaciones culinarias elementales y de múltiples aplicaciones.

   ▷ CR2.1 El aprovisionamiento de materias primas y la preparación de útiles y equipos se realiza a partir de la ficha técnica de fabricación, o procedimiento que la sustituya.

© Ediciones Rodio

▷ CR2.2 La preparación culinaria elemental o de múltiples aplicaciones que resulte apta para su posterior utilización se elabora:

   ° Aplicando las técnicas básicas de manipulación y tratamiento de alimentos en crudo.

   ° Utilizando, en su caso, las técnicas de cocción establecidas.

▷ CR2.3 El acabado y presentación de la preparación culinaria elemental se realiza finalizado el proceso de elaboración, de acuerdo con las normas definidas.

▷ CR2.4 El almacenamiento de la preparación culinaria elemental o de múltiples aplicaciones se realiza:

   ° Teniendo en cuenta las características de la elaboración culinaria en cuestión.

   ° Siguiendo los procedimientos establecidos.

   ° En los recipientes, envases y equipos asignados. A las temperaturas adecuadas.

▷ CR2.5 Los métodos se aplican y los equipos establecidos se utilizan en la regeneración a temperatura de servicio.

▷ CR2.6 Los utensilios y equipos utilizados en el proceso se limpian con la frecuencia necesaria, usando los productos y métodos establecidos.

▷ CR2.7 La temperatura requerida durante el proceso se mantiene actuando sobre los reguladores de los equipos de calor y de frío utilizados.

▷ CR2.8 Los equipos y medios energéticos establecidos para la realización de los procesos se utilizan de forma racional, evitando consumos, costes y desgastes innecesarios.

▷ CR2.9 Las normas de manipulación de alimentos se cumplen en todo momento, evitando fuentes de contaminación.

▷ CR2.10 Se participa en la mejora de la calidad durante todo el proceso.

 – RP3: Preparar y presentar platos combinados y aperitivos sencillos de acuerdo con la definición del producto y las normas básicas de su elaboración.

▷ CR3.1 El aprovisionamiento interno de materias primas y la preparación de útiles y equipos se realiza a partir de la ficha técnica de fabricación, o procedimiento que la sustituya.

▷ CR3.2 La elaboración de platos combinados y aperitivos sencillos se ejecuta:

   ° Aplicando las técnicas básicas de manipulación y tratamiento de alimentos en crudo.

   ° Utilizando, en su caso, las técnicas de cocción establecidas.

▷ CR3.3 El acabado y presentación de los platos combinados y aperitivos sencillos se realiza finalizado el proceso de elaboración, de acuerdo con las normas definidas.

▷ CR3.4 El almacenamiento, en su caso, de aperitivos y platos combinados se realiza:

  ° Teniendo en cuenta las características del aperitivo en cuestión.

  ° Siguiendo los procedimientos establecidos.

  ° En los recipientes, envases y equipos asignados. A las temperaturas adecuadas.

▷ CR3.5 Los utensilios y equipos utilizados en el proceso se limpian, aplicando los productos y métodos establecidos.

▷ CR3.6 La temperatura requerida durante el proceso se mantiene actuando sobre los reguladores de los equipos de calor y de frío utilizados.

▷ CR3.7 Los equipos y medios energéticos establecidos para la realización de los procesos se utilizan racionalmente, evitando consumos, costes y desgastes innecesarios.

▷ CR3.8 Las normas de manipulación de alimentos se cumplen en todo momento, evitando fuentes de contaminación.

▷ CR3.9 Se participa en la mejora de la calidad durante todo el proceso.

– RP4: Asistir en la elaboración de todo tipo de productos culinarios, prestando colaboración y cumpliendo con las instrucciones recibidas.

▷ CR4.1 El aprovisionamiento de materias primas y la preparación y puesta a punto de útiles y equipos se realiza a partir de la ficha técnica de fabricación, o procedimiento que la sustituya.

▷ CR4.2 En la preparación y presentación de todo tipo de elaboraciones culinarias se presta asistencia, realizando operaciones concretas y siguiendo instrucciones precisas.

▷ CR4.3 Las mesas de trabajo, utensilios y equipos utilizados en el proceso se limpian con la frecuencia que se requiera, usando los productos adecuados y métodos establecidos.

▷ CR4.4 Los equipos y medios energéticos establecidos para la realización de los procesos se utilizan de forma racional, evitando consumos, costes y desgastes innecesarios.

▷ CR4.5 Las normas de manipulación de alimentos se cumplen en todo momento, evitando fuentes de contaminación.

▷ CR4.6 Se participa en la mejora de la calidad durante todo el proceso.

Contexto profesional:

Medios de producción: Mobiliario específico de cocina tradicional o «catering». Equipos de cocción. Equipos de frío. Equipos generadores de ozono.

© Ediciones Rodio

Máquinas auxiliares, utensilios y menaje de cocina. Extintores y sistemas de seguridad. Materias primas crudas o preparadas para la elaboración de elaboraciones básicas y platos sencillos. Material de acondicionamiento. Productos de limpieza. Combustibles. Uniformes y lencería apropiados.

Productos y resultados: Preparación y presentación de fondos y salsas básicas sencillas. Preparación y presentación de platos elementales y sencillos. Prestación de asistencia culinaria a sus superiores jerárquicos.

Información utilizada o generada: Manuales de procesos normalizados. Manuales de funcionamiento de equipos, maquinaria e instalaciones. Órdenes de trabajo. Fichas técnicas de elaboración. Tablas de temperaturas apropiadas. Normas de seguridad e higiénico-sanitarias y de manipulación de alimentos.

Módulo formativo 2: Elaboración culinaria básica

Nivel: 1.

Código: MF0256_1.

Asociado a la UC: Asistir en la elaboración culinaria y realizar y presentar preparaciones sencillas.

Duración: 230 horas.

Capacidades y criterios de evaluación:

- C1: Realizar elaboraciones básicas de múltiples aplicaciones y preparar y presentar elaboraciones culinarias simples, aplicando técnicas sencillas, previamente definidas.

  ▷ CE1.1 Realizar las operaciones de aprovisionamiento interno de géneros, interpretando fichas técnicas o procedimientos alternativos y formalizando los vales o documentos predeterminados.

  ▷ CE1.2 Identificar y disponer correctamente los géneros, útiles y herramientas necesarios para la realización de elaboraciones básicas de múltiples aplicaciones y elaboraciones culinarias sencillas.

  ▷ CE1.3 Efectuar operaciones de regeneración sencillas y necesarias para los géneros culinarios que se van a emplear.

  ▷ CE1.4 Aplicar técnicas sencillas para la preparación de elaboraciones culinarias básicas y elementales, a partir de la información suministrada, siguiendo los procedimientos adecuados y cumpliendo las normas de manipulación de alimentos.

  ▷ CE1.5 Realizar presentaciones poco complejas de elaboraciones culinarias elementales, mostrando sensibilidad y gusto artísticos al efectuar las respectivas operaciones de acabado.

▷ CE1.6 Identificar los métodos de conservación y lugares de almacenamiento adecuados para las elaboraciones y aplicarlos, atendiendo a su destino o consumo asignado, la naturaleza de sus componentes y las normas de manipulación.

▷ CE1.7 Asumir el compromiso de mantener y cuidar las instalaciones y los equipos, y sacar el máximo provecho a las materias primas utilizadas en el proceso, evitando costes y desgastes innecesarios.

▷ CE1.8 Participar en la mejora de la calidad durante todo el proceso.

- C2: Realizar y presentar platos combinados y aperitivos sencillos de acuerdo con la definición del producto, aplicando normas de elaboración básicas.

▷ CE2.1 Realizar las operaciones de aprovisionamiento interno de géneros, interpretando fichas técnicas o procedimientos alternativos y formalizando los vales o documentos previstos.

▷ CE2.2 Identificar y disponer correctamente los géneros, útiles y herramientas necesarios para la realización de platos combinados y aperitivos sencillos

▷ CE2.3 Aplicar técnicas sencillas de elaboración y presentación de platos combinados y aperitivos sencillos, a partir de la información suministrada, siguiendo los procedimientos adecuados, mostrando sensibilidad y gusto artísticos al efectuar las operaciones de acabado y cumpliendo las normas de manipulación de alimentos.

▷ CE2.4 Identificar los métodos de conservación y lugares de almacenamiento adecuados para las elaboraciones y aplicarlos, atendiendo a su destino o consumo asignado, la naturaleza de sus componentes y las normas de manipulación.

▷ CE2.5 Asumir el compromiso de mantener y cuidar las instalaciones y los equipos, y sacar el máximo provecho a las materias primas utilizadas en el proceso, evitando costes y desgastes innecesarios.

▷ CE2.6 Participar en la mejora de la calidad durante todo el proceso.

- C3: Realizar las operaciones necesarias para la prestación de asistencia en procesos de preparación y presentación de todo tipo de elaboraciones culinarias, mostrando receptividad y espíritu de cooperación.

▷ CE3.1 Realizar las operaciones de aprovisionamiento interno de géneros, interpretando fichas técnicas o procedimientos alternativos y formalizando los vales o documentos previstos.

▷ CE3.2 Identificar y disponer correctamente los géneros, útiles y herramientas necesarios para la ejecución de operaciones sencillas en procesos de preparación y presentación de todo tipo de elaboraciones culinarias, siguiendo indicaciones precisas.

▷ CE3.3 Realizar operaciones concretas y sencillas para prestar asistencia en los procesos de elaboración culinaria, en el tiempo establecido,

© Ediciones Rodio

aplicando técnicas sencillas y adecuadas, cumpliendo con las normas e instrucciones recibidas y manteniendo un espíritu de colaboración.

▷ CE3.4 Asumir el compromiso de mantener y cuidar las instalaciones y los equipos, y sacar el máximo provecho a las materias primas utilizadas en el proceso, evitando costes y desgastes innecesarios.

– C4: Analizar y aplicar las normas y condiciones higiénico-sanitarias referidas a las unidades de producción o servicio de alimentos y bebidas, para evitar riesgos de toxiinfecciones alimentarias y contaminación ambiental.

▷ CE4.1 Identificar e interpretar las normas higiénico-sanitarias de obligado cumplimiento relacionadas con instalaciones, locales, utillaje y manipulación de alimentos.

▷ CE4.2 Clasificar e interpretar el etiquetado de productos y útiles de limpieza más comunes, de acuerdo con sus aplicaciones, describiendo propiedades, ventajas, modos de utilización y respeto al medioambiente.

▷ CE4.3 Identificar los productos y útiles de limpieza autorizados y usar los adecuados en cada caso, atendiendo a las características de las unidades de producción o servicio de alimentos y bebidas.

▷ CE4.4 Clasificar y explicar los riesgos y toxiinfecciones alimentarias más comunes, identificando sus posibles causas.

▷ CE4.5 Cumplir las normas higiénico-sanitarias y aplicar correctamente los métodos de limpieza y orden al operar con equipos, máquinas, útiles y géneros y al limpiar las instalaciones.

▷ CE4.6 Reconocer los graves efectos que se derivan de las toxiinfecciones alimentarias generadas como consecuencia del incumplimiento de las normas higiénico-sanitarias en los procesos de elaboración culinaria.

Capacidades cuya adquisición debe ser completada en un entorno real de trabajo:

– C1: Por lo que respecta al desarrollo de todo el proceso de elaboración de acuerdo con exigencias reales de producción o servicio inmediato al cliente.

– C2: Por lo que respecta al desarrollo de todo el proceso de elaboración de acuerdo con exigencias reales de producción o servicio inmediato al cliente.

– C3: En todo lo referente a la prestación de asistencia en procesos de preparación y presentación de todo tipo de elaboraciones culinarias.

Contenidos:

Elaboraciones culinarias básicas y sencillas de múltiples aplicaciones:

– Clasificación, definición y aplicaciones.

– Fases de los procesos, riesgos en la ejecución.

Aplicación de las respectivas técnicas y procedimientos sencillos de ejecución para la obtención de:

- Fondos de cocina.
- Caldos.
- Caldos cortos.
- Mirex-poix.
- Guarniciones sencillas.

Aplicación de técnicas de regeneración y conservación.

Elaboraciones elementales de cocina:

- Definición, clasificación y tipos.

Aplicación de técnicas sencillas para la obtención de resultados culinarios basados en la utilización de:

- Hortalizas, verduras y tubérculos.
- Legumbres, arroz y pastas.
- Huevos.
- Carnes de diferentes clases.
- Pescados y mariscos.
- Otros.

Ingredientes, esquemas y fases de elaboración, riesgos en la ejecución.

Aplicación de técnicas de regeneración y conservación.

Platos combinados y aperitivos sencillos:

- Definición y clasificación.
- Tipos y técnicas básicas.
- Decoraciones básicas.
- Aplicación de técnicas sencillas de elaboración y presentación.
- Aplicación de técnicas de regeneración y conservación.

Seguridad en las zonas de producción y servicio de alimentos y bebidas:

Condiciones específicas de seguridad que deben reunir los locales, las instalaciones, el mobiliario, los equipos, la maquinaria y el pequeño material característicos de las unidades de producción y servicio de alimentos y bebidas.

Identificación y aplicación de las normas específicas de seguridad.

Limpieza de instalaciones y equipos.

© Ediciones Rodio

Productos de limpieza de uso común:

- Tipos, clasificación.
- Características principales de uso.
- Medidas de seguridad y normas de almacenaje.
- Interpretación de las especificaciones.

Sistemas y métodos de limpieza: aplicaciones de los equipos y materiales básicos. Procedimientos habituales: tipos y ejecución.

Higiene alimentaria y manipulación de alimentos:

- Concepto de alimento.
- Requisitos de los manipuladores de alimentos.
- Importancia de las buenas prácticas en la manipulación de alimentos.
- Responsabilidad de la empresa en la prevención de enfermedades de transmisión alimentaria.
- Riesgos para la salud derivados de una incorrecta manipulación de alimentos.
- Conceptos y tipos de enfermedades transmitidas por alimentos.
- Alteración y contaminación de los alimentos: conceptos, causas y factores contribuyentes.
- Fuentes de contaminación de los alimentos: físicas, químicas y biológicas.
- Principales factores que contribuyen al crecimiento bacteriano.
- Salud e higiene personal: factores, materiales y aplicaciones.
- Manejo de residuos y desperdicios.
- Asunción de actitudes y hábitos del manipulador de alimentos.
- Limpieza y desinfección: diferenciación de conceptos; aplicaciones prácticas.
- Control de plagas: finalidad de la desinfección y desratización.
- Materiales en contacto con los alimentos: tipos y requisitos.
- Etiquetado de los alimentos: lectura e interpretación de etiquetas de información obligatoria.
- Calidad Higiénico-Sanitaria: conceptos y aplicaciones. Autocontrol: sistemas de análisis de peligros y puntos de control crítico (APPCC).
- Guías de prácticas correctas de higiene (GPCH). Aplicaciones.

Uniformidad y equipamiento personal de seguridad:

- Uniformes de cocina: tipos.
- Prendas de protección: tipos, adecuación y normativa.

Participación en la mejora de la calidad:

- Aseguramiento de la calidad.
- Actividades de prevención y control de los insumos y procesos para tratar de evitar resultados defectuosos.

Requisitos básicos del contexto formativo:

Espacios e instalaciones:

- Taller de cocina 135 m^2.
- Aula polivalente de un mínimo de 2 m^2 por alumno.

Perfil profesional del formador:

1. Dominio de los conocimientos y técnicas culinarios y de todo lo relacionado con la aplicación de la normativa de seguridad e higiénico-sanitaria específicas, que se acreditará mediante una de las formas siguientes:

   Formación académica mínima de Técnico Superior relacionada con este campo profesional.

   Experiencia profesional de un mínimo de 3 años en el campo de las competencias relacionadas con este módulo formativo.

2. Competencia pedagógica acreditada de acuerdo con lo que establezcan las Administraciones competentes.

© Ediciones Rodio

Unidad Formativa 1

Aplicación de normas y condiciones higiénico-sanitarias en restauración

En primer lugar vamos a hablar sobre la Normativa sanitaria para el funcionamiento de restaurantes, así como de las condiciones higiénicas que exige la normativa.

Os puede parecer un poco aburrido hablar de normativas, pero es muy importante saber cuáles son las condiciones que debe tener un restaurante (hotel, establecimiento, etc.) con el fin de evitar contaminaciones, alteraciones y riesgos de salud innecesarios.

Además, esta normativa, aunque no lo parezca, nos ayuda a simplificar nuestro trabajo y nos ahorra tiempo y molestias a la hora de realizarlo. Luego pondremos unos ejemplos prácticos con la intención de que entendáis un poco de qué os hablo.

Este Convenio Colectivo determina también cuáles son las empresas que se dedican a este sector, además de establecer las relaciones laborales entre las empresas y los trabajadores.

Capítulo 1

Aplicación de las normas y condiciones de seguridad en las zonas de producción y servicio de alimentos y bebidas

Índice

1. **Normativa sanitaria**
   1.1. Objetivos de la Norma Sanitaria (Artículo 1.º)
   1.2. Aplicación de la Norma Sanitaria (Artículo 2.º)
   1.3. Cumplimiento de la Norma Sanitaria (Artículo 3.º)

2. **Ubicación e instalaciones**
   2.1. Ubicación (Artículo 4.º)
   2.2. Estructuras físicas (Artículo 5.º)
   2.3. Iluminación (Artículo 6.º)
   2.4. Ventilación (Artículo 7.º)

3. **Los servicios**
   3.1. Abastecimiento y calidad de agua (Artículo 8.º)
   3.2. Evacuación de aguas residuales (Artículo 9.º)
   3.3. Disposición de residuos sólidos (Artículo 10.º)
   3.4. Vestuarios y servicios higiénicos para el personal (Artículo 11.º)
   3.5. Servicios Higiénicos para el público (Artículo 12.º)

4. **Los equipos y utensilios**
   4.1. Características (Artículo 13.º)
   4.2. Lavado y desinfección (Artículo 14.º)
   4.3. Almacenamiento (Artículo 15.º)
   4.4. Mantelería (Artículo 16.º)

5. **La recepción y almacenamiento de los alimentos**
   5.1. Recepción y control de alimentos (Artículo 17.º)
   5.2. Almacén de productos secos (Artículo 18.º)
   5.3. Almacén de frío (Artículo 19.º)

6. **La cocina y el comedor**
   6.1. La cocina (Artículo 20.º)
   6.2. El comedor (Artículo 21.º)

7. **Seguridad en el trabajo y prevención de riesgos laborales**
   7.1. Riesgos laborales
   7.2. Accidentes de trabajo
   7.3. Enfermedad profesional
   7.4. Prevención de riesgos laborales
   7.5. Riesgos del personal de cocina y limpieza
   7.6. Señalización

8. **Actuaciones en caso de emergencia y primeros auxilios**
   8.1. Cortes
   8.2. Quemaduras
   8.3. Contusiones
   8.4. Pérdidas de consciencia
   8.5. Obstrucciones de vías aéreas

© Ediciones Rodio

1. Normativa sanitaria

1.1. Objetivos de la Norma Sanitaria (Artículo 1.°)

a) Asegurar la calidad sanitaria e inocuidad (que los alimentos no nos hagan daño) de los alimentos y bebidas de consumo humano en las diferentes etapas de la cadena alimentaria: adquisición, transporte, recepción, almacenamiento, preparación y comercialización en los restaurantes y servicios afines.

b) Establecer los requisitos sanitarios operativos y las buenas prácticas de manipulación que deben cumplir los responsables y los manipuladores de alimentos que laboran en los restaurantes y servicios afines.

c) Establecer las condiciones higiénico-sanitarias y de infraestructura mínimas que deben cumplir los restaurantes y servicios afines.

1.2. Aplicación de la Norma Sanitaria (Artículo 2.°)

La vigilancia sanitaria de los alimentos y bebidas que se comercializan en los restaurantes y servicios afines, y la verificación del cumplimiento de lo dispuesto en la presente Norma Sanitaria, está a cargo de la Autoridad Sanitaria Municipal.

La vigilancia sanitaria se sustentará en la evaluación de riesgos, las buenas prácticas de manipulación de alimentos y el programa de higiene y saneamiento, la misma que será ejercida por personal profesional calificado y capacitado en estos aspectos.

1.3. Cumplimiento de la Norma Sanitaria (Artículo 3.°)

Los establecimientos destinados a restaurantes y servicios afines deben ser de uso exclusivo para la preparación y expendio de alimentos y bebidas, de acuerdo con las disposiciones de la presente Norma Sanitaria. Los establecimientos de esta naturaleza que ya vienen funcionando deben adecuarse a lo dispuesto por dicha norma sanitaria. Debemos adaptarnos a las nuevas normas y cumplirlas o hacer que nuestro local o negocio en todo momento cumpla con las normas actuales para evitar problemas o accidentes.

Digamos que la prioridad principal de esta norma es: asegurar que las condiciones de los alimentos que vamos a dar estén en perfecto estado para evitar contaminación. Pensemos que está en nuestras manos la vida de una persona, y si no cumplimos con las normas sanitarias, podemos envenenar o hacer enfermar a alguien.

¡Recuerda!

»»

- La norma pretende asegurar que los alimentos y su elaboración sean de calidad.

- La autoridad sanitaria municipal se encarga de controlar que todo esté bien.

- Los restaurantes y demás solo deben servir para preparar y dar comidas.

»»»

2. Ubicación e instalaciones

2.1. Ubicación (Artículo 4.°)

Los establecimientos destinados al funcionamiento de restaurantes y servicios afines deben estar ubicados en lugares libres de plagas, humos, polvo, malos olores, inundaciones y de cualquier otra fuente de contaminación.

El establecimiento debe estar separado de la vivienda de su propietario o encargado. El ingreso del público al establecimiento debe ser independiente del ingreso para los abastecedores o proveedores y otros servicios, o en todo caso, se establecerán períodos de tiempo diferentes para evitar la contaminación cruzada.

Lo correcto sería hacer una entrada de personal y proveedores de mercancías y hacer otra entrada para los clientes. Si no podemos conseguir esto, estableceremos unos horarios para recibir mercancías. Pasados este horario, no deberíamos recibir materiales, debemos dejar la entrada única y exclusivamente para los clientes.

2.2. Estructuras físicas (Artículo 5.°)

Las edificaciones del restaurante o servicios afines deben ser de construcción sólida y los materiales que se empleen han de ser resistentes a la corrosión, lisos, fáciles de limpiar y desinfectar. Solo el área de comedor podrá ser de

© Ediciones Rodio

materiales diferentes, considerando el estilo del establecimiento (rústico, campestre, etc.). Todas las edificaciones se mantendrán en buen estado de conservación e higiene.

Asimismo, se cumplirán las siguientes condiciones:

a) Los suelos se construirán con materiales impermeables, que no sean absorbentes, lavables y antideslizantes, no deben tener grietas y serán fáciles de limpiar y desinfectar. Según sea el caso, se les dará una pendiente suficiente para que los líquidos escurran hacia los sumideros.

b) Las paredes deben ser de materiales impermeables, que no sean absorbentes y lavables y serán de color claro. Deben ser lisas, sin grietas y fáciles de limpiar y desinfectar. Se mantendrán en buen estado de conservación e higiene. Cuando corresponda, los ángulos entre las paredes y los suelos deben ser abovedados para facilitar la limpieza y evitar la acumulación de suciedades.

c) Los techos deben construirse y acabarse de manera que se impida la acumulación de suciedad y sean fáciles de limpiar.

d) Las ventanas y otras aberturas deben construirse de manera que se evite la acumulación de suciedad y estarán provistas de protección contra insectos u otros animales. También deben desmontarse fácilmente para su limpieza y buena conservación.

e) Las puertas deben ser de superficie lisa y de un material no absorbente, además de tener cierre automático en los ambientes donde se preparan alimentos.

f) La existencia de pasadizos exige que estos tengan una amplitud proporcional al número de personas que transiten por ellos y en ningún caso deben ser utilizados como áreas para el almacenamiento.

Ejemplo

Supongamos que decoramos una cocina con un alicatado que nos puede parecer muy bonito, pero su dibujo se compone de grietas que nos dan un aspecto de relieve.

Con el paso del tiempo, la grasa y suciedad que genera una cocina, se va acumulando en zonas de difícil limpieza, y como resultado tendremos un alicatado que ya no nos parecerá tan bonito por la acumulación de grasa y que además supondrá un riesgo de infección y de contaminación de alimentos.

Por eso es necesario seguir la normativa. Para evitar problemas indeseados.

2.3. Iluminación (Artículo 6.°)

El nivel mínimo de iluminación en las áreas de recepción, almacenamiento y preparación de alimentos será de 220 lux. Las fuentes de iluminación se ubicarán de forma tal que las personas que trabajan en dichas áreas no proyecten su sombra sobre el espacio de trabajo. La iluminación en las áreas mencionadas no dará lugar a colores falseados.

En el caso de bombillas y lámparas suspendidas, estas deben aislarse con protectores que eviten la contaminación de los alimentos en caso de rotura.

Una correcta iluminación es bastante importante para evitar malentendidos con los alimentos, además no deberíamos tener dudas sobre el estado de un producto a causa de tener una visibilidad defectuosa.

2.4. Ventilación (Artículo 7.°)

Debe proveerse una ventilación suficiente para evitar el calor acumulado excesivo, la condensación del vapor, el polvo y para eliminar el aire contaminado. Se evitará que las corrientes de aire arrastren contaminación hacia el área de preparación y consumo de alimentos.

Se debe instalar una campana extractora sobre los aparatos de cocción, de tamaño suficiente para eliminar eficazmente los vapores de la cocción.

Recuerdo haber trabajado en una cocina que disponía de aire acondicionado. Esto es un poco excesivo, pero sí es muy importante tener una buena ventilación (con protección) para evitar situaciones incómodas y peligros.

© Ediciones Rodio

¡Recuerda! 》》》

– Los restaurantes (y demás locales de comida) deben estar ubicados donde no existan riesgos de salud.

– El edificio debe ser sólido y con materiales que faciliten su buen uso y limpieza.

– La luz debe permitirnos ver los alimentos con claridad.

– La ventilación debe bastar para evitar calor, vapores, polvo y aire contaminado.

》》》

3. Los servicios

3.1. Abastecimiento y calidad de agua (Artículo 8.°)

El establecimiento deberá disponer de agua potable de la red pública, contar con suministro permanente y en cantidad suficiente para atender las actividades del establecimiento.

Los establecimientos que tengan su propio sistema de abastecimiento de agua deben contar con la aprobación y vigilancia por parte del Ministerio de Salud.

3.2. Evacuación de aguas residuales (Artículo 9.°)

El sistema de evacuación de aguas residuales debe mantenerse en buen estado de funcionamiento y estar protegido para evitar la entrada de roedores e insectos en el establecimiento. Los conductos de evacuación de aguas residuales deben estar diseñados para soportar cargas máximas, contar con trampas de grasa y evitar la contaminación del sistema de agua potable.

El suelo del área de cocina debe contar con un sistema de evacuación para las aguas residuales que facilite las actividades de higiene.

Ya estáis observando que existen muchos detalles que debemos cuidar, pero que son muy necesarios para evitar cualquier tipo de contaminación. Os vuelvo a recordar que al igual que un médico, nosotros somos responsables directos de la vida de una persona.

3.3. Disposición de residuos sólidos (Artículo 10.°)

Los residuos sólidos (basura) deben disponerse en recipientes de plástico, en buen estado de conservación e higiene, con tapa oscilante o similar que evite el contacto con las manos y deben tener una bolsa de plástico en el interior para facilitar la evacuación de los residuos.

Dichos recipientes deben colocarse en cantidad suficiente en la cocina, comedor, baños y cualquier otro lugar donde se generen residuos sólidos y, estar ubicados de manera que no contaminen los alimentos.

Para la eliminación de los residuos sólidos se debe contar con colector con tapa de tamaño suficiente, según el volumen producido, colocados en un ambiente destinado exclusivamente para este uso, de acceso fácil al servicio recolector. Este ambiente debe diseñarse de manera que se impida el acceso de plagas y se evite la contaminación del alimento y del entorno. Se deben lavar y desinfectar a diario los recipientes plásticos y la zona de almacenamiento de residuos.

Los residuos que podemos producir pueden atravesar el plástico si se tratan de sustancias líquidas (debido a alguna rotura o poro en la bolsa), por eso es necesario desinfectarlos.

3.4. Vestuarios y servicios higiénicos para el personal (Artículo 11.°)

Los establecimientos deben facilitar al personal espacios adecuados para el cambio de vestimenta, en el cual la ropa de trabajo no debe entrar en contacto con la ropa de uso personal (se hace para evitar que contaminemos el lugar de trabajo con gérmenes que hemos traído de la calle). Este ambiente debe estar iluminado, ventilado y en buen estado de conservación e higiene.

Para uso del personal, el establecimiento debe contar con servicios higiénicos fuera del área de manipulación de los alimentos y sin acceso directo a la cocina o al almacén.

Los servicios higiénicos deben tener buena iluminación y ventilación y estar diseñados de manera que se garantice la eliminación higiénica de las aguas residuales.

  © Ediciones Rodio

Los servicios higiénicos para hombres deben contar con lo siguiente:

- De 1 a 9 personas: 1 inodoro, 2 lavabos, 1 urinario.
- De 10 a 24 personas: 2 inodoros, 4 lavabos, 1 urinario.
- De 25 a 49 personas: 3 inodoros, 5 lavabos, 2 urinarios.
- Más de 50 personas: 1 unidad adicional por cada 30 personas.

Los servicios higiénicos para las mujeres son similares a los indicados, excepto los urinarios que serán reemplazados por inodoros.

Los inodoros, lavabos y urinarios deben ser de material de fácil limpieza y desinfección. Los lavabos estarán provistos de dispensadores con jabón líquido o similar y medios higiénicos para secarse las manos como toallas desechables o secadores automáticos de aire. Si se usaran toallas desechables, habrá cerca del lavabo un número suficiente de dispositivos de distribución y recipientes para su eliminación.

Los servicios higiénicos deben mantenerse operativos, en buen estado de conservación e higiene.

3.5. Servicios Higiénicos para el público (Artículo 12.°)

Los servicios higiénicos para comensales no deben tener acceso directo al comedor, las puertas deben tener ajuste automático y permanecerán cerradas excepto durante las operaciones de limpieza.

Los servicios higiénicos deben mantenerse operativos, en buen estado de conservación e higiene, con buena iluminación y ventilación. Los inodoros, lavabos y urinarios deben ser de material fácil de higienizar.

Los servicios higiénicos deben estar separados para cada sexo y su distribución por frecuencia de comensales será la siguiente:[1]

Frecuencia de comensales/día	Hombres			Mujeres	
	Inodoros	Urinarios	Lavabos	Inodoros	Lavabos
Menos de 60	1	1	1	1	1
De 61 a 150 (1)	2	2	2	2	2
Por cada 100 adicionales	1	1	1	1	1

---

[1] Los establecimientos en este rango de frecuencia de comensales deben adicionar un servicio higiénico para minusválidos.

En forma permanente debe dotarse de provisión de papel higiénico y de recipientes de material resistente al lavado cocntinuo, con bolsas internas de plástico, para facilitar la recolección de los residuos.

Los lavabos deben estar provistos de dispensadores con jabón líquido o similar y medios higiénicos para secarse las manos como toallas desechables o secadores automáticos de aire caliente. Si se usaran toallas desechables, habrá cerca del lavabo un número suficiente de dispositivos de distribución y recipientes para su eliminación. Deben colocarse avisos que promuevan el lavado de manos.

El sistema de ventilación de los servicios higiénicos natural o artificial, debe permitir la eliminación de los olores hacia el exterior del establecimiento.

¡Recuerda!))

- El suministro de agua debe ser suficiente para nuestras necesidades.
- La salida de agua residual no debe estar atorada y debe evitar que entren "bichos".
- La basura (residuos sólidos) debe colocarse en cubos con tapa.
- Los vestuarios de personal deben estar en buenas condiciones.
- Los servicios del restaurante estarán alejados del comedor, en buen estado, ventilados e iluminados y separados para cada sexo.

))

4. Los equipos y utensilios

4.1. Características (Artículo 13.°)

Los equipos y utensilios que se empleen en los restaurantes y servicios afines deben ser de material de fácil limpieza y desinfección, resistentes a la corrosión, que no transmitan sustancias tóxicas, olores, ni sabores a los alimentos. Deben ser capaces de resistir repetidas operaciones de limpieza y desinfección.

Las tablas de picar deben ser de un material que no absorba, de superficie lisa y mantenerse en buen estado de conservación e higiene.

© Ediciones Rodio

Antiguamente se utilizaban utensilios de madera o "brochas" para la distribución de un líquido.

Los utensilios de madera se astillan con el paso del tiempo, pudiendo quedar un trozo de astilla dentro de un alimento, además absorben productos y permiten que se mezclen sabores. Las brochas con el uso pierden "pelos" que pueden contaminar un alimento.

Gracias a esta normativa, se ha prohibido el uso de estos materiales que estaba demostrado que no eran los adecuados para manipular alimentos.

4.2. Lavado y desinfección (Artículo 14.º)

Para el lavado y desinfección de la vajilla, cubiertos y vasos se deben tomar las siguientes precauciones:

- Retirar primero los residuos de comidas.
- Utilizar agua potable corriente, caliente o fría y detergente.
- Enjuagarlos con agua potable corriente.
- Después del enjuague se procederá a desinfectar con cualquier producto comercial aprobado por el Ministerio de Salud para dicho uso o, con un enjuague final por inmersión en agua a un mínimo de temperatura de 80º C por tres minutos.
- La vajilla debe secarse por escurrimiento al medio ambiente de la cocina, colocándola en canastillas o similares. Si se emplearan toallas, secadores o similares, estos deben ser de uso exclusivo, mantenerse limpios, en buen estado de conservación y en número suficiente de acuerdo a la demanda del servicio.
- El lavado y desinfección por medio de equipos automáticos debe ajustarse a las instrucciones del fabricante, cuidando de usar agua potable en cantidad necesaria. Los equipos deben lavarse al final de la jornada, desarmando las partes removibles, asegurándonos así de su total limpieza.
- Todo menaje de cocina, así como las superficies de parrillas, planchas, bandejas, recipientes de mesas con sistema de agua caliente (baño maría) y otros que hayan estado en contacto con los alimentos, deben limpiarse, lavarse y desinfectarse por lo menos una vez al día.

4.3. Almacenamiento (Artículo 15.º)

Para el almacenamiento y protección de los equipos y utensilios, una vez limpios y desinfectados deben tomarse las siguientes precauciones:

- La vajilla, cubiertos y vasos deben guardarse en un lugar cerrado, protegido del polvo e insectos.

- Guardar los vasos, copas y tazas colocándolos hacia abajo (evitando así que se acumule suciedad y polvo en su interior).

- Guardar los equipos y utensilios, limpios y desinfectados en un lugar aseado, seco, a no menos de 0,20 m del suelo.

- Cubrir los equipos que tienen contacto con las comidas cuando no se van a utilizar inmediatamente.

- No colocar los equipos o utensilios cerca de drenajes de aguas residuales o cerca de recipientes de residuos.

4.4. Mantelería (Artículo 16.º)

Los restaurantes y servicios afines que usen mantelería la conservarán en perfecto estado de mantenimiento y limpieza; debe guardarse limpia, en un lugar exclusivo y cerrado para este uso, libre de polvo y humedad.

Las servilletas de tela deben reemplazarse en cada uso dado por el comensal.

Los restaurantes que utilicen individuales de plástico deben limpiarlos y desinfectarlos después de cada uso.

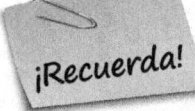

¡Recuerda!

- Los utensilios tienen que ser fáciles de limpiar, resistentes y que no transmitan olores, sabores, etc. (no está permitido madera o "brochas").

- El lavado debe seguir un proceso.

- Donde guardemos los utensilios tiene que ser un lugar seco, limpio, etc.

- Los manteles y servilletas deben ser limpios y sin humedad.

© Ediciones Rodio

5. La recepción y almacenamiento de los alimentos

5.1. Recepción y control de alimentos (Artículo 17.°)

El responsable de la recepción de las materias primas, ingredientes y productos procesados debe tener capacitación en Higiene de los Alimentos, y contar con Manuales de Calidad de los principales productos alimenticios, a fin de que pueda realizar con facilidad la evaluación sensorial y físico-química mediante métodos rápidos, que le permitan decidir la aceptación o rechazo de los alimentos. Es muy importante saber diferenciar qué productos llegan en buenas condiciones y cuáles debemos rechazar por no encontrarse en óptimas condiciones.

Los establecimientos deben registrar la información correspondiente a los alimentos que ingresan respecto de su procedencia, descripción, composición, características sensoriales, periodo de almacenamiento y condiciones de manejo y conservación. Dicha información debe encontrarse disponible durante la inspección que realice la Autoridad Sanitaria Municipal competente.

También deben llevar un Registro de los Proveedores que los abastecen de alimentos, de tal modo que sea posible efectuar cualquier investigación epidemiológica o de rastreabilidad sobre la procedencia de dichos alimentos. Si la compra es directa, deben seleccionarse los lugares de compra e igualmente proceder al registro respectivo.

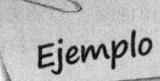

Ejemplo 〉〉〉

Imaginemos que recibimos un lote de productos que han sido infectados en su lugar de fabricación (aparentemente no podemos percibirlo) y las autoridades sanitarias nos advierten de dicho lote. Si llevamos un control de los productos que recibimos y los proveedores que nos abastecen, podremos localizar con facilidad el lote de productos en cuestión y entregarlo a las autoridades sanitarias sin tener ninguna duda.

Más adelante hablaremos sobre almacenamiento y los diferentes códigos para conseguir un resultado óptimo.

〉〉

5.2. Almacén de productos secos (Artículo 18.°)

Los almacenes deben mantenerse limpios, secos, ventilados y protegidos contra el ingreso de roedores, animales y personas ajenas al servicio.

Los productos químicos tales como detergentes, desinfectantes, pinturas, rodenticidas, insecticidas, combustible, entre otros, deben guardarse en un ambiente separado, seguro y alejado de los alimentos. El establecimiento no guardará en sus instalaciones materiales y equipos en desuso o inservibles como cartones, cajas u otros que puedan contaminar los alimentos y propicien la proliferación de insectos y roedores.

Muchas veces los cartones, cajas y demás, están infectados de bacterias procedentes del exterior. Por eso no es recomendable guardarlos o almacenarlos si no nos son útiles.

En el almacenamiento se tendrá en cuenta la vida útil del producto, se rotularán los empaques con la fecha de ingreso y de salida del producto del almacén con el fin de controlar la aplicación del Principio PEPS (los alimentos que ingresan primero al almacén deben ser también los primeros en salir del almacén).

La distribución de los alimentos en el almacén debe observar lo siguiente:

a) Los alimentos no deben estar en contacto con el suelo, se colocarán en tarimas mantenidos en buenas condiciones, limpios y a una distancia mínima de 0,20 m del suelo. Se dejará una distancia de 0,50 m entre hileras y de 0,50 m de la pared. Evitaremos así humedad que como veremos más adelante es una de las condiciones de la proliferación de gérmenes.

b) Los alimentos contenidos en sacos, bolsas o cajas se apilarán de manera entrecruzada y hasta una distancia de 0,60 m del techo. Los sacos apilados tendrán una distancia entre sí de 0,15 m para la circulación del aire. Antes de abrir cualquiera de estos envases debe verificarse que estén externamente limpios.

c) Los alimentos secos se almacenarán en sus envases originales. Los envases originales deben estar íntegros y cerrados. Los productos a granel deben conservarse en envases tapados y rotulados.

© Ediciones Rodio

5.3. Almacén de frío (Artículo 19.°)

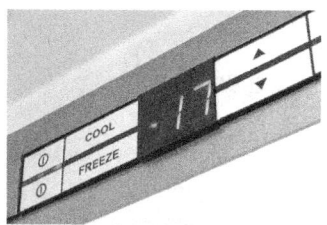

En los equipos de refrigeración, la temperatura debe calcularse según el tamaño y cantidad de alimento almacenado, de tal manera que el alimento tenga una temperatura menor a 5 °C al centro de cada pieza.

En caso de conservar alimentos congelados, el establecimiento debe contar con equipos de congelación para que los alimentos tengan una temperatura de -18 °C al centro de cada pieza. Los alimentos que nos traen los proveedores congelados deben almacenarse congelados.

Los equipos de frío deben estar dotados de termómetros, colocados en un lugar visible y ser calibrados periódicamente. Las temperaturas de estos equipos deben ser registradas diariamente como parte del control.

En el almacenamiento se tendrá en cuenta lo siguiente:

a) Los alimentos de origen animal y vegetal se almacenarán por separado para evitar la contaminación cruzada y la transferencia de olores indeseables. Asimismo, se separarán los que cuentan con envoltura o cáscara, de aquellos que se encuentran desprotegidos o fraccionados.

b) Las piezas grandes de res en refrigeración no deben exceder de las 72 horas, mientras que otros tipos de carne, aves y menudencias no deben exceder las 48 horas.

c) Los equipos de refrigeración y congelación deben permitir la circulación de aire frío en forma uniforme. No se deben tapar las rejillas de ventilación ni de suministro de aire.

d) Los alimentos se colocarán separados unos de otros y de las paredes, a fin de que el aire frío permita que los alimentos alcancen una temperatura de seguridad en el centro de los mismos.

e) En el caso de las cámaras, los alimentos se colocarán en tarimas de material higiénico y resistente, guardando una distancia mínima de 0,20 m respecto del suelo y 0,15 m respecto de las paredes y el techo.

f) Las carnes y menudencias congeladas se dispondrán en bandejas o similares de material higiénico y resistente, colocadas en tarimas o como bloques, siempre protegidas por un plástico transparente (no de color) de primer uso, para evitar la contaminación y deshidratación.

g) Los productos de pastelería y repostería se almacenarán en equipos de refrigeración exclusivos, separados del resto de los productos.

h) Los alimentos deben almacenarse en lo posible en sus envases originales, debidamente rotulados para su identificación y manejo del Principio PEPS (los alimentos que llevan más tiempo en el congelador son los primeros en salir).

¡Recuerda! 〉〉

– El almacén de alimentos debe tener un registro de existencias y proveedores.

– El almacén tiene que mantenerse limpio, seco, bien ventilado y protegido de plagas.

– Alimentos y productos de limpieza nunca deben estar juntos.

– Las cámaras de frío y congelación deben funcionar bien y siguen un proceso de almacenamiento.

〉〉〉

6. La cocina y el comedor

6.1. La cocina (Artículo 20.°)

La cocina debe estar ubicada próxima al comedor y debe tener fácil acceso al área de almacenamiento de las materias primas.

El área de la cocina debe ser suficiente para el número de raciones de alimentos a preparar según la carga del establecimiento. No es recomendable ni está permitido tener una cocina de unas dimensiones minúsculas si tenemos un gran número de mesas y sabemos con certeza que vamos a dar una gran cantidad de "comidas". Las estructuras internas están indicadas en el Artículo 5.° de la normativa de la que estamos hablando.

El diseño debe permitir que todas las operaciones se realicen en condiciones higiénicas, sin generar riesgos de contaminación cruzada y con la rapidez necesaria para el proceso de elaboración, desde la preparación previa hasta el servido.

Los espacios en la cocina se distribuirán sucesivamente de la siguiente manera:

a) Una zona de preparación previa, próxima al área de almacén de materias primas, donde se limpiarán, pelarán y lavarán las materias primas que requieran estas prácticas. Esta zona, al ser una zona de limpieza de productos, es una zona que se ensucia con mayor rapidez por lo que es recomendable mantenerla un poco alejada del resto e intentar que la limpieza pueda ser fácil.

b) Una zona de preparación intermedia destinada a la preparación preliminar como corte, picado y cocción.

c) Una zona de preparación final donde se concluirá la preparación, servido y armado de los platos o porciones para el consumo en comedor.

© Ediciones Rodio

Si el espacio físico no fuera suficiente para hacer la división mencionada en el párrafo anterior, se identificará al menos la zona de preparación previa por ser una zona de mayor suciedad y para las otras zonas se hará una división en el tiempo, considerando las zonas como etapas, las que en ningún caso deben superponerse, sino que seguirán una secuencia consecutiva con el fin de evitar la contaminación cruzada. Después de cada etapa se debe realizar la limpieza y desinfección del ambiente y superficies que se emplearán en la siguiente etapa.

En ningún caso debe cocinarse en un ambiente diferente al destinado como área de cocina, ni expuesto a la contaminación. No está permitido elaborar ni almacenar comida en los pasillos u otros lugares fuera de la cocina.

Todo el mobiliario debe ser de material liso, anticorrosivo, de fácil limpieza y desinfección. Las campanas extractoras con sus respectivos ductos, deben estar ubicadas de manera que permitan una adecuada extracción de humos y olores y cubrir la zona destinada a cocción de la cocina; es necesario tener una campana extractora que cubra toda la zona donde se generan humos o vapor con el fin de evitar condensación en la cocina.

Su limpieza y mantenimiento se hará en forma permanente. Actualmente hay empresas que se dedican a la limpieza y mantenimiento de las campanas extractoras; cambian los filtros sucios por unos limpios y se llevan los sucios para limpiarlos adecuadamente.

Los lavaderos deben ser de acero inoxidable u otro material resistente y liso, estar en buen estado de conservación e higiene, con una capacidad acorde con el volumen del servicio. Contarán además con el correspondiente suministro de agua potable circulante y red de desagüe. Debemos disponer de una zona de lavado de material (vajilla, vasos, ollas, etc.) lo suficientemente grande para evitar acumulación y dificultades de limpieza.

Los insumos en uso durante la preparación deben disponerse en sus envases originales o en recipientes con tapa de uso exclusivo para alimentos, de fácil higienización, debidamente rotulados o identificados.

6.2. El comedor (Artículo 21.°)

El local del comedor estará ubicado próximo a la cocina. La distribución de mesas y mobiliario debe ser funcional, permitiendo la adecuada circulación de las personas.

El acceso al comedor debe ser lo suficientemente amplio para garantizar el tránsito de los comensales, evitando aglomeraciones tanto al ingreso como a la salida. Las puertas deben abrir hacia afuera.

El mobiliario debe ser de material resistente, de fácil limpieza y mantenerse en buen estado de conservación e higiene.

En el caso de los restaurantes que exhiban alimentos preparados en el comedor, estos se conservarán en equipos o sistemas que permitan mantenerlos a temperaturas de seguridad y su distribución debe evitar la contaminación cruzada y el intercambio de olores.

Los equipos para exhibición, como vitrinas refrigeradas, ubicados en el comedor, se mantendrán en buen estado de funcionamiento, conservación e higiene y serán de uso exclusivo para alimentos preparados.

¡Recuerda!

– La cocina también tiene unas normas que cumplir. Tiene que ser higiénica y facilitarnos la preparación y servicio de alimentos.

– El comedor debe facilitarnos su limpieza y también la rapidez del servicio.

© Ediciones Rodio

7. Seguridad en el trabajo y prevención de riesgos laborales

Para hacer una breve introducción, vamos a dar algunos consejos de seguridad en las cocinas y más adelante hablaremos del concepto de trabajo y de prevención de riesgos laborales.

Para hacer nuestro trabajo más seguro deberemos:

- Utilizar chaquetas cerradas de tela a prueba de fuego.

- Revisar el interior del horno antes de encenderlo.

- No dejar que el mango o las asas de los recipientes de cocción sobresalgan al exterior de la hornilla de la cocina o estén orientados a un punto de calor, ya que si por un descuido una persona toca el mango o el asa, puede provocar un accidente.

- En cocina existe un truco para no quemarse con los recipientes que salgan del horno. Consiste en salpicar con un poco de harina la tapa, mango o asa de los recipientes para así reconocer que están calientes.

- Las personas que preparan los alimentos no deben desplazarse con el cuchillo en la mano. Pero si necesitaran hacerlo, deben moverse sin prisas y orientando siempre hacia el suelo la punta del cuchillo.

- Los cuchillos deben guardarse todos en el mismo sentido. No se deben poner sobre trapos cerca de la tabla de cortar. En caso de préstamo, deben ser devueltos por el mango.

- Antes de salir de la cocina, es preciso asegurarse de que todos los fuegos estén apagados y las llaves de paso de gas estén cerradas.

El trabajo: Es una actividad social organizada que, a través de la combinación de recursos de naturaleza diferente (trabajadores, materiales, energía, tecnología, organización, etc.) permite alcanzar unos objetivos y satisfacer unas necesidades.

El progreso tecnológico y social ha mejorado la calidad de vida y las condiciones en que se realiza el trabajo. Pero se han mantenido, incrementado y aparecido unos riesgos que debemos prevenir.

Las tres dimensiones de la salud son:

- La física.
- La mental.
- La social.

© Ediciones Rodio

7.1. Riesgos laborales

Se entiende como riesgo laboral la posibilidad de que un trabajador sufra un daño determinado derivado del trabajo. Los daños derivados del trabajo son las enfermedades, patologías o lesiones sufridas con motivo u ocasión del trabajo.

7.2. Accidentes de trabajo

Un accidente de trabajo es toda lesión corporal que el trabajador sufra con ocasión o consecuencia del trabajo que ejecuta por cuenta ajena. También tienen la consideración de accidentes de trabajo los siguientes:

- Accidentes "in itinere". Son los accidentes producidos en el camino que va desde casa del trabajador hasta su lugar de trabajo y viceversa.

- Accidente de trabajo. Son los accidentes producidos en el lugar de trabajo y en el mismo momento en el que se está haciendo una labor. Por ejemplo, estamos en el trabajo, en horario laboral y nos cortamos con la cortadora de fiambres haciendo una tarea que nos ha encomendado el jefe de cocina.

- El sufrido durante la realización de tareas, que aun siendo distintas de su categoría profesional, ejecute el trabajador en cumplimiento de las ordenes del empresario, o realizadas de forma espontánea por el trabajador en interés del buen funcionamiento de la empresa.

- Los acaecidos en actos de salvamento y otros de naturaleza análoga, cuando tengan conexión con el trabajo.

- Las enfermedades profesionales no incluidas en el cuadro sobre estas enfermedades, y que se pruebe son por causa exclusiva del trabajo.

- Las enfermedades o defectos padecidos con anterioridad por el trabajador que se agraven, como consecuencia del accidente.

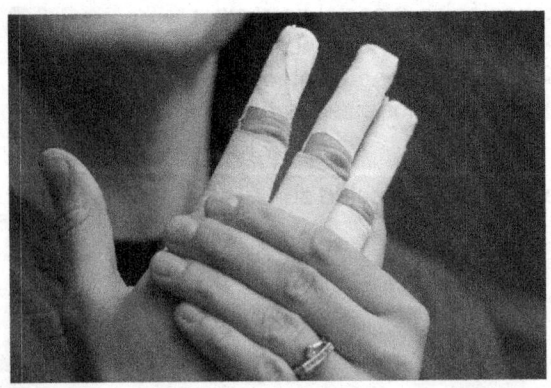

© Ediciones Rodio

No tienen consideración de accidentes de trabajo:

- Los que son consecuencia de una fuerza mayor ajena al trabajo.
- Los que sean debidos a una imprudencia temeraria del trabajador accidentado.

7.3. Enfermedad profesional

Toda aquella contraída a consecuencia del trabajo ejecutado por cuenta ajena, en las actividades que se especifiquen en el cuadro que se aprueban por las disposiciones de aplicación y desarrollo de la ley, y que esté provocada por la acción de los elementos o sustancias que en dicho cuadro se indique para toda enfermedad profesional (cuadro vigente aprobado por Real Decreto 1299/2006, de 10 de noviembre).

Los factores que la determinan son:

- Tiempo de exposición.
- Concentración e intensidad.
- Características personales del trabajador.
- Presencia simultánea de varios contaminantes.

7.4. Prevención de riesgos laborales

Prevención es el conjunto de actividades o medidas adoptadas o previstas en toda fase de la actividad de la empresa con el fin de evitar o disminuir los riesgos derivados del trabajo.

A) Principios generales

Los principios generales de la acción preventiva son:

- Evitar los riesgos.
- Evaluar los riesgos que no se pueden evitar.
- Combatir los riesgos en su origen.
- Adaptar los puestos a las personas.
- Tener en cuenta la evolución de la técnica.
- Sustituir lo peligroso por lo que entrañe poco o ningún peligro.
- Adaptar medidas que antepongan la protección colectiva a la individual.
- Dar debidas instrucciones a los trabajadores.

- Planificar la prevención.
- Integración de la línea jerárquica.
- Derecho a participar de los trabajadores.

B) Obligaciones del empresario

Las obligaciones del empresario son:

- Garantizar la seguridad y salud de los trabajadores.
- Adoptar las medidas necesarias para ello.
- Desarrollar una acción permanente (implantar la gestión preventiva).
- Cumplir la normativa establecida sobre Prevención de Riesgos Laborales.
- Asumir el coste de las medidas de seguridad a implantar.
- Proporcionar equipos de protección individual (y velar por que se usen correctamente) cuando sean necesarios.
- Garantizar que los trabajadores reciban una formación teórica y práctica en materia preventiva.
- Consultar a los trabajadores en cuestiones de seguridad y salud.

C) Obligaciones del trabajador

Y las obligaciones del trabajador son:

- Velar por su propia seguridad y salud en el trabajo y por la de otras personas a las que pueda afectar su actividad profesional.
- Usar adecuadamente los equipos de trabajo, sustancias peligrosas, etc.
- Utilizar correctamente los medios y equipos de protección facilitados por la empresa.
- Utilizar correctamente los dispositivos de seguridad y no ponerlos fuera de funcionamiento.
- Informar de inmediato a su superior jerárquico directo y/o al Técnico de Seguridad acerca de cualquier situación que entrañe un riesgo.
- Contribuir al cumplimiento de las obligaciones establecidas.
- Cooperar con la empresa para que esta pueda garantizar unas condiciones seguras de trabajo.

El incumplimiento por parte de los trabajadores de las obligaciones en materia de Prevención de Riesgos Laborales tendrá consideración de incumplimiento laboral. "Corresponde a cada trabajador velar, según sus responsabilidades y mediante el cumplimiento de las medidas de prevención que en cada caso sean

© Ediciones Rodio

adoptadas, por su propia seguridad y salud en el trabajo y por la de aquellas otras personas a las que pueda afectar su actividad profesional, a causa de sus actos y omisiones en el trabajo, de conformidad con su formación y las instrucciones del empresario" (artículo 24 de las obligaciones del trabajador).

¡Recuerda!

- No debemos desplazarnos con el cuchillo en la mano por la cocina, pero si lo necesitamos, la punta debe estar mirando al suelo.

- Antes de salir de una cocina, asegurarnos de que los fuegos estén apagados y las llaves de paso del gas cerradas.

- Riesgo Laboral es la posibilidad de sufrir un daño como consecuencia del trabajo.

- Accidente de trabajo es toda lesión corporal producida por el trabajo.

- Enfermedad profesional es la que contraemos por causa del trabajo.

- Prevención de riesgos laborales son las medidas adoptadas para evitar accidentes.

7.5. Riesgos del personal de cocina y limpieza

Los riesgos del personal de cocina y limpieza son:

- Manipulación manual de cargas.
- Sobreesfuerzos. Trabajo de pie.
- Caídas al mismo y diferente nivel.
- Choques contra objetos inmóviles.
- Cortes/golpes por objetos y/o herramientas.
- Equipos de trabajo mecánicos.
- Contactos eléctricos.
- Contactos térmicos.
- Contactos con productos químicos.
- Exposición a temperatura (frío/calor).
- Riesgo biológico.

Vamos a hablar un poco sobre cada uno de estos riesgos.

A) Manipulación manual de cargas

La columna vertebral tiene de 32 a 34 huesos y presenta cinco regiones bien diferenciadas:

- − 7 cervicales.
- − 12 dorsales.
- − 5 lumbares.
- − 5 sacras.
- − De 3 a 5 coxígeas.

Cuando se ejerce una presión vertical sobre la columna vertebral, esta presión se transmite de una vértebra a otra a través del disco vertebral.

Para realizar una buena manipulación de cargas y evitar que la presión solo la ejerzan unas pocas vértebras (existiendo más riesgo de lesión), debemos acercarnos a la carga, doblar bien las rodillas, mantener la espalda recta y realizar el esfuerzo con las piernas. Si no realizamos un correcto levantamiento de la carga, lo más normal es que el esfuerzo sea muchísimo mayor existiendo mayor riesgo de lesión.

También deberíamos evitar que los suelos estén resbaladizos por caída de líquidos, goteras o aceites y grasas, ya que existe un alto riesgo de que podamos resbalar y caernos. Las zonas de paso también deben estar limpias y despejadas de obstáculos.

Una vez tengamos la carga bien sujeta, también es importante no realizar giros de cintura. Si necesitamos girar, debemos hacerlo con las piernas y no hacer un giro de cintura con la carga. El peso que soportamos ejerce una presión importante sobre las vértebras y girarlas puede producirnos una lesión.

 © Ediciones Rodio

Muchas veces en el trabajo, la carga y transporte de materiales constituye uno de los trabajos más importantes y que con más frecuencia produce un mayor número de lesiones.

El riesgo se encuentra en los almacenes a la hora de cargar y descargar bultos, sin tener en cuenta las actitudes posturales correctas que se deben adoptar. Y para evitarlo debemos mantener los almacenes limpios, ordenados, y el suelo sin restos de agua, debemos colocar los productos en las estanterías sin que sobresalgan de los límites de ella. No debemos almacenar cajas pesadas en estantes elevados, debemos utilizar escaleras y seguir el procedimiento para levantar cargas.

B) Sobreesfuerzos. Trabajo de pie

Los riesgos posturales de los trabajos de pie son los movimientos y posturas forzadas, las sobrecargas de la columna vertebral y la insuficiencia circulatoria. Para evitar estos riesgos posturales debemos evitar giros bruscos, llevar las bandejas lo más cerca posible al cuerpo (en el caso de camareros y personal de sala), y se debe cambiar de postura periódicamente y alternar, dentro de lo posible, la posición de sentado y de pie.

Las posibles consecuencias de estos sobreesfuerzos y trabajos de pie son lumbalgias, problemas de circulación y aumento del cansancio.

C) Caídas al mismo y diferente nivel

Para evitar *caídas, resbalones y tropiezos al mismo nivel* debemos utilizar calzado adecuado, firmemente sujeto al talón y provisto de suela antideslizante y puntera reforzada (para evitar golpes en los dedos de los pies).

También se evitarán prisas y carreras innecesarias y deberá extremarse el cuidado en las puertas abatibles. Nunca sabemos quién se puede encontrar al otro lado.

Los suelos deben mantenerse siempre secos y limpios, mediante la adopción de un sistema de limpieza periódica. Todo lo que pueda ser considerado un obstáculo debe ser inmediatamente retirado de las zonas de paso. Tenemos que procurar no llevar cargas demasiado voluminosas para no mermar la visibilidad y debemos evitar o proteger los cables que atraviesen las zonas de paso.

¡Recuerda! 〉〉〉

Para evitar caídas debemos tener orden y limpieza:

– Suelo adecuado y limpio.

– Zonas de paso bien delimitadas y libres de obstáculos.

– Mantener limpias las instalaciones.

– Evitar que los lugares y productos se contaminen.

– Guardar los objetos y útiles en su sitio después de su uso.

– Usar recipientes con tapa para la recogida de desechos y sacar al exterior al terminar la jornada.

〉〉〉

Las posibles consecuencias de las caídas al mismo nivel son los posibles traumatismos musculares, traumatismos óseos, heridas leves, etc. Para evitar *caídas a distinto nivel* debemos:

– Extremar la precaución al subir y bajar las escaleras que comunican las plantas.

– Procurar no llevar cargas demasiado voluminosas para no mermar la visibilidad.

– Facilitar el acceso a zonas de almacenamiento elevadas mediante escaleras fijas o móviles perfectamente aseguradas, plataformas de trabajo adecuadas o ascensores.

– No utilizar bancos, sillas u otros elementos inadecuados para acceder a lugares elevados.

– Utilizar solamente escaleras adecuadas con zapatas antideslizantes, elementos anti-apertura en las escaleras de tijera y peldaños en buen estado.

– El ascenso, descenso y los trabajos desde escaleras se efectuarán de frente a las mismas.

– Las escaleras de mano no se utilizarán por dos o más personas simultáneamente.

– Las escaleras de mano se revisarán periódicamente.

Las caídas a distinto nivel se dan cuando las personas fundamentalmente trabajan y/o acceden a zonas altas, y con el uso de escaleras portátiles.

El riesgo se encuentra en los altillos, sótanos, en el uso de escaleras portátiles, etc., y sus posibles consecuencias son traumatismos musculares, óseos, heridas leves y conmociones.

© Ediciones Rodio

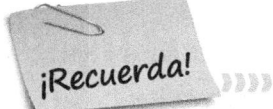

¡Recuerda!

Para evitar caídas a distinto nivel debemos subir o bajar las escaleras agarrándonos de la barandilla o pasamanos, no correr al subir o bajar por las escaleras, no acercarnos a zonas altas desprotegidas de barandilla y usar de manera adecuada las escaleras portátiles.

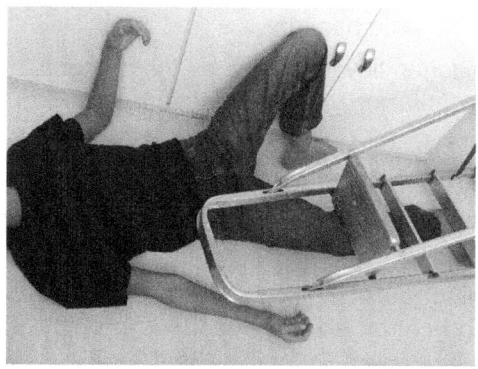

D) Choques contra objetos inmóviles

Para evitar choques contra objetos inmóviles debemos mantener los espacios limpios y ordenados y lo correcto sería definir circuitos y dejar libres de objetos las zonas de paso.

E) Cortes/golpes por objetos y/o herramientas

Si se produce rotura de cristales o loza, debemos recordar que es muy importante no recoger nunca los vidrios y/o loza con la mano. Tenemos que utilizar siempre escoba y recogedor.

Los cristales rotos se recogerán con extremo cuidado y se depositarán en bolsas adecuadas (el plástico debe tener un grosor suficiente para no rajar la bolsa). Y se utilizarán guantes en labores de fregado de vajillas frágiles.

En los cortes por herramientas manuales los riesgos más frecuentes son los golpes y cortes en diferentes partes del cuerpo, las lesiones oculares por partículas de las materias que se trabajan o por la propia herramienta y los esguinces por sobr eesfuerzos o gestos violentos.

Las medidas preventivas para evitar estos cortes son:

- Los cuchillos se mantendrán siempre en buen estado, afilados y limpios.
- Los cuchillos se guardarán en tajadores o lugares apropiados.
- En el corte, el recorrido del cuchillo se realizará en dirección contraria al cuerpo.
- Los cuchillos deberán estar siempre bien afilados.
- Debemos usar los cuchillos en función del tipo de trabajo (no utilizarlo como abrelatas, como palanca, etc.).
- Se deben utilizar tablas de corte para realizar tareas de descuartizar y cortar.
- Al finalizar la tarea, los cuchillos se deben limpiar y, posteriormente, colocarlos en su ubicación habitual.
- Los cuchillos deben llevar un tope en los mangos, mantenerse en buen estado de conservación y estar perfectamente afilados.
- Debemos usar adecuadamente guantes de malla o anti-corte (siempre en la mano de apoyo o en ambas manos).
- Colocarnos siempre los guantes bien ajustados, para evitar cortes por mala colocación.
- Mantener una correcta limpieza de los guantes (tanto de malla como anti-corte) para garantizar una adecuada higiene.

Este tipo de riesgo laboral se da cuando las personas trabajan con elementos cortantes y/o manipulan residuos con aristas y cantos vivos (cuchillos, cristales rotos, etc.).

El riesgo se encuentra en el manejo de cuchillos y herramientas afiladas así como en el contacto con loza o cristales rotos, y sus consecuencias son cortes y hemorragias de diversa gravedad.

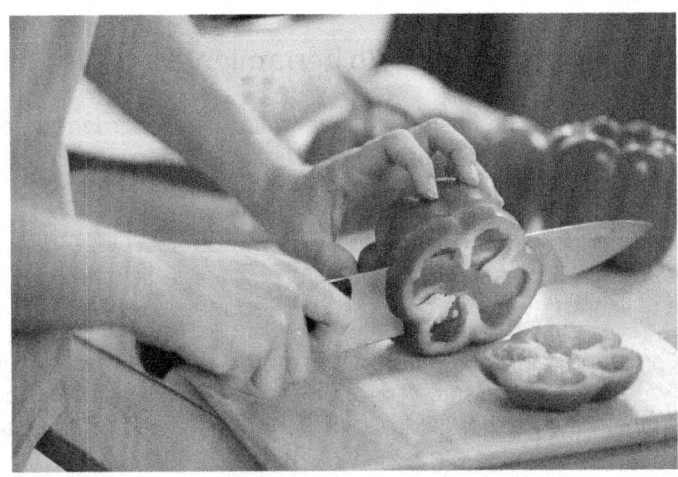

© Ediciones Rodio

¡Recuerda!

》》

Para evitar estos riesgos debemos utilizar siempre los cuchillos de manera adecuada, guardarlos de forma segura cuando no se utilicen y extremar las precauciones en la recogida de cristales rotos (uso de guantes de protección o uso de cepillo y recogedor)

》》》

F) Equipos de trabajo mecánicos

Para una buena utilización de los equipos debemos tener en cuenta una serie de detalles:

- Hay que establecer programas de limpieza y mantenimiento.

- No debemos someter la maquinaria a sobreproducción o producciones impropias, así como debemos evitar consumos de energía innecesarios.

- Tenemos que respetar siempre las condiciones de uso y manejo, y las normas higiénico-sanitarias referidas al aparato.

- Antes de poner en marcha una maquina eléctrica, conocer su funcionamiento y los dispositivos de seguridad que posea.

- Si la máquina se para de repente, debemos desconectarla y luego desbloquear las cuchillas o los elementos atascados.

- Si se observa un funcionamiento incorrecto de la maquinaria, debe desconectarse rápidamente y comunicarlo al responsable.

- No manipular los elementos internos del aparato.

Hablemos ahora de unos equipos de trabajo mecánicos muy frecuentes en una cocina, de los riesgos y de las normas de seguridad.

Cortadora de fiambre

Los riesgos más frecuentes que nos podemos encontrar con esta máquina son:

- Cortes en los dedos por apurar demasiado las piezas.

- Cortes en las manos porque se resbala la mano o se tuerce una pieza larga.

- Cortes en la mano al recoger las rodajas.

- Contactos eléctricos por mala conexión.

Las normas de seguridad que debemos seguir para evitar estos riesgos son:

- Usar el aprovechador o empujador.
- Situar una mano en la empuñadura y otra en el pomo.
- Poner a cero el graduador de espesor después de cada corte.
- No recoger con la mano las piezas cortadas, sino con pinzas o paleta.
- Dejar de cortar cuando la pieza ya no tenga suficiente espesor.
- Revisar periódicamente la instalación eléctrica.
- Nunca debemos retirar el producto con la máquina en marcha.
- Manipular la máquina con graduador a cero y con guantes.
- Afilar periódicamente y limpiar la máquina a diario.

Picadora de carne

Los riesgos laborales más frecuentes con esta máquina son:

- Se nos puede quedar atrapada la mano o los dedos al introducir los alimentos sin protección.
- Contactos eléctricos por mala conexión.

© Ediciones Rodio

Las normas de seguridad necesarias para evitar riesgos son:

- Usar el aprovechador o empujador.
- Revisar periódicamente la instalación eléctrica.
- Nunca retirar el producto con la máquina en marcha.
- Manipular la máquina siempre con guantes.
- Limpiar diariamente la máquina cuando este desconectada de la corriente.

Cortadora de pan y sierra de cinta

Los riesgos más frecuentes son:

- Cortes en las manos y en los dedos al empujar los alimentos para cortar sin protección.
- Contactos eléctricos por mala conexión.

Para evitar estos posibles accidentes debemos:

- Usar siempre dos guantes de protección a la hora de empujar los alimentos a cortar.
- Revisar periódicamente la instalación eléctrica.
- Nunca retirar el producto con la máquina en marcha.
- Manipular la máquina siempre con guantes.
- Limpiar diariamente la máquina cuando este desconectada de la corriente.

Nunca debemos usar ningún tipo de maquinaria si no hemos sido formados para ello.

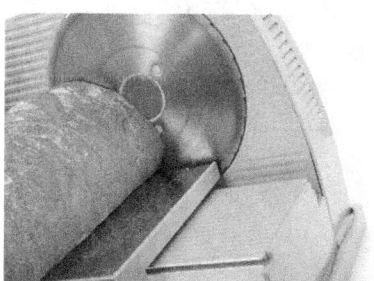

G) Contactos eléctricos

Este tipo de riesgo laboral se da cuando las personas pueden entrar en contacto de forma directa o indirecta con la electricidad.

Para evitar estos riesgos, vamos a tener en cuenta una serie de recomendaciones:

- Antes de comenzar a trabajar, realizar un control visual para detectar defectos reconocibles (el mal estado de cables, enchufes y aparatos eléctricos).

- No utilizar aparatos en mal estado hasta que los revise un especialista.

- En caso de avería, desenchufar la máquina de la corriente eléctrica, señalizar "averiado" y comunicar los daños al encargado. Nunca hay que intentar repararlo.

- Solicitar información sobre las condiciones de uso seguro de los aparatos eléctricos que se manipulen.

- No verter líquidos cerca de tomas de corriente, aparatos o cuadros eléctricos.

- No limpiar, ni efectuar cambios de filtros, cuchillas, etc., sin desconectar la alimentación del equipo.

- Evitar el uso de tomas de corriente múltiples (ladrones), estos no deben sobrecargarse.

- No conectar directamente cables sin clavijas.

- No utilizar los aparatos eléctricos con las manos húmedas o mojadas y no desenchufarlos tirando del cable.

- No tocar líquidos y equipos eléctricos al mismo tiempo.

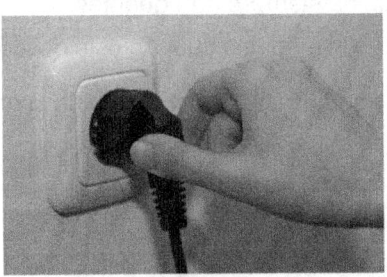

¡Recuerda!

El peligro de este tipo de riesgo laboral se encuentra en las áreas donde existen enchufes y cableado y en la maquinaria eléctrica. Puede producirnos quemaduras eléctricas y shock eléctricos y podemos evitarlo con un uso adecuado del cableado, evitando trabajar con aparatos eléctricos en entornos húmedos, secándonos bien las manos antes de tocar partes eléctricas, etc.

© Ediciones Rodio

H) Contactos térmicos

Este tipo de riesgo laboral se da cuando la persona toca una superficie caliente.

Para evitar posibles peligros debemos tener en cuenta:

- Utilizar utensilios con longitud adecuada al manipular líquido hirviendo.
- No llenar los recipientes hasta el borde con líquidos calientes.
- Jamás verter agua sobre aceite caliente.
- Extremar la atención cuando se transportan líquidos o comidas calientes y solicitar ayuda para su transporte cuando su tamaño sea muy voluminoso.
- Antes de abrir un aparato de cocción, hay que asegurarse de que ha expulsado todo el vapor y que no tenga presión en su interior.
- Al transportar material se deberá evitar que las asas de las cacerolas, sartenes, bandejas, etc., sobresalgan hacia las zonas de paso.
- En caso de transporte de recipientes calientes, asir con unos guantes o manoplas adecuados y nunca con las manos desnudas.
- Al trabajar con hornos es imprescindible utilizar guantes antitérmicos para evitar quemaduras al abrirlos, al cerrarlos o al meter o sacar alimentos de los mismos.
- Con los hornos microondas evitar introducir elementos metálicos en su interior. Verificar que los envases son todos aptos para su uso en microondas antes de utilizarlos.

Ante una quemadura térmica o química deberemos actuar de la siguiente forma:

Colocar la zona afectada bajo la acción directa del agua (sumergida) 10 minutos (30 minutos en el caso de quemaduras químicas). Seguidamente debemos cubrir la superficie cutánea dañada con un paño limpio o con gasas especialmente indicadas para quemaduras. También, se puede aplicar hielo, pero envuelto en un paño, nunca directo sobre la piel, puesto que añadiríamos una quemadura por frío.

Quemaduras

Que hacer	Enfriar la parte quemada.
	Cubrir con tela limpia y húmeda
	Trasladar a un centro sanitario

Que no hacer	Pinchar las ampollas
	Cubrir con cremas
	Enfriar debajo del grifo

¡Recuerda! 〉〉〉

El riesgo está en la manipulación de recipientes calientes, y en todas las operaciones de cocina con presencia de calor (calentar alimentos, proximidad de fogones, superficies calientes...).

〉〉

Las consecuencias son las quemaduras (leves, graves y muy graves). Y podemos evitarlo utilizando siempre elementos de protección (guantes o manoplas) para manipular recipientes calientes (bandejas de horno, cacerolas...), vigilando siempre que el entorno sea seguro, manteniendo distancias de seguridad con elementos candentes (hornos, fogones...), etc.

l) Contactos con productos químicos

Para manipular productos químicos es necesario tener unos buenos hábitos personales que vamos a recordar:

- Antes de comer, beber o fumar, es necesario lavarse las manos, e igualmente al finalizar la jornada laboral.
- Mantener el puesto de trabajo siempre limpio y en orden.

© Ediciones Rodio

- Los envases deberán permanecer permanentemente etiquetados y cerrados.
- Debemos seguir las instrucciones indicadas en los envases.
- Es muy importante colocarnos la protección personal adecuada: gafas de seguridad, guantes, delantal y mascarilla (si es necesario).

La etiqueta de un producto químico es nuestra fuente de información. Debe aportar todos los datos necesarios para una correcta manipulación y qué hacer en caso de accidente. Debe responder a todas estas preguntas:

- ¿Qué es?
- ¿Quién puede darme más datos sobre el producto?
- ¿Dónde debo guardarlo?
- ¿Debo guardarlo en algún lugar especial?
- ¿Puedo deshacerme de los residuos sin problemas?
- ¿Qué debo hacer en caso de accidente?
- ¿Por qué es peligroso?
- ¿Cómo debo protegerme?
- ¿Qué precauciones debo tomar?

Para responder a todas estas preguntas una etiqueta debe contener:

- Nombre de la sustancia o preparado.
- Nombre, dirección y teléfono del fabricante o suministrador o del responsable de su comercialización en la comunidad europea.
- Símbolos e indicaciones de peligro.
- Frases R (riesgos específicos).
- Frases S (consejos de prudencia).
- El número CE o etiquetado CE.

Aquí tenemos los pictogramas que podemos encontrarnos en el etiquetado de sustancias químicas.

Etiquetado de los productos

PELIGROS FÍSICOS

Clases de peligro y categorías de peligro*	Elementos de la etiqueta NUEVO**		Elementos de la etiqueta ANTIGUO	
Explosivos • Explosivos inestables • Explosivos divisiones 1.1 a 1.3 Sustancias/mezclas que reaccionan expontáneamente, tipo A, B Peróxidos orgánicos, tipos A, B	H200 H201, H202, H203 H240, H241 H240, H241	Peligro	(R2, R3)	Peligro
Explosivos, división 1.4	H204	Atención	Sin clasificación	
Gases inflamables, categoría 1 Aerosoles inflamables, categoría 1 Líquidos inflamables, categoría 1	H220 H222 H224	Atención / Peligro	(R12) (R12) R12	Extremadamente inflamable
Líquidos inflamables, categoría 2 Sólidos inflamables, categoría 1 Sólidos inflamables, categoría 2	H225 H228 H228		R11 (R11) (R11)	Fácilmente inflamable
Aerosoles inflamables, categoría 2 Líquidos inflamables, categoría 3	H223 H226	Atención	Sin símbolo (R10) R10 Sin clasificación. Punto de inflamación 56-60°C	Inflamable
Líquidos pirofóricos, categoría 1 Sólidos piurofóricos, categoría 1 Sustancias/mezclas que, en contacto con el agua, desprenden gases inflamables, categorías 1, 2 y categoría 3	H250 H250 H260 H261 H261	Atención / Peligro	R17 R17 (R15) (R15) (R15)	Fácilmente inflamable
Sustancias/mezclas que reaccionan espontáneamente, tipo B Sustancias/mezclas que reaccionan espontáneamente, tipos C y D y tipos E y F Sustancias/mezclas que experimentan calentamiento espontáneo, categoría 1 y categoría 2	H241 H242 H242 H251 H252		R12 R12	Fácilmente inflamable
Peróxidos orgánicos, tipo B Peróxidos orgánicos, tipos C y D Peróxidos orgánicos, tipos E y F	H241 H242 H242		R7 R7	Comburente
Gases comburentes, categoría 1 Líquidos comburentes, categorías 1 y 2 y categoría 3 Sólidos comburentes, categorías 1 y 2 y categoría 3	H270 H271, H272 H272 H271, H272 H272	Peligro/Atención	R8 R8, R9 R8, R9	Comburente
Gases a presión • Gas comprimido • Gas licuado • Gas licuado refrigerado • Gas disuelto	H280 H280 H281 H280	Atención	Sin clasificación	
Sustancias/mezclas corrosivas para los metales, categoría 1	H290	Atención	Sin clasificación	

© Ediciones Rodio

PELIGROS PARA LA SALUD HUMANA

Clases de peligro y categorías de peligro*	Elementos de la etiqueta NUEVO**		Elementos de la etiqueta ANTIGUO		
Toxicidad aguda, categorías 1, 2 • Oral • Cutánea • Inhalación	H300 H310 H330	Peligro	R28 R27 R26	Muy tóxico	
Toxicidad aguda, categoría 3 • Oral • Cutánea • Inhalación	H301 H311 H331		R25 R24 R23	Tóxico	
Mutagenicidad en células germinales, categorías 1A, 1B Carcinogenicidad, categorías 1A, 1B Tocicidad para la reproducción, categorías 1A, 1B STOT*** tras exposición única, categoría 1 STOT*** tras exposiciones repetidas, categoría 1	H340 H350 H360 H370 H372	Peligro	R46 R45, R49 R60, R61 R39 R48	Tóxico	
Sensibilización respiratoria, categoría 1 Toxicidad por aspiración, categoría 1	H334 H304		R42 R65		
Mutagenicidad en células germinales, categorías 2 Carcinogenicidad, categoría 2 Tocicidad para la reproducción, categoría 2 STOT*** tras exposición única, categoría 2 STOT*** tras exposiciones repetidas, categoría 2	H341 H351 H361 H371 H373	Atención	R68 R40 R62, R63 R68 R48	Nocivo	
Toxicidad aguda, categoría 4 • Oral • Cutánea • Inhalación	H302 H312 H332	Atención	R22 R21 R20		
Corrosión cutánea, categorías 1A, 1B, 1C	H314	Peligro	R34, R35	Corrosivo	
Lesión ocular grave, categoría 1	H318		R41	Irritante	
Irritación cutánea, categoría 2 Irritación ocular, categoría 2 Sensibilización cutánea, categoría 1 STOT*** tras exposición única, categoría 3 • Irritación de las vías respiratorias	H315 H319 H317 H335	Atención	R38 R36 R43 R37	Irritante	
• Efectos narcóticos	H336		Sin símbolo R67		

PELIGROS PARA EL MEDIO AMBIENTE

Peligroso para el medio ambiente acuático, agudo, categoría 1 Peligroso para el medio ambiente acuático, crónico, categoría 1	H400 H410	Atención	R50 R50/53	Peligroso para el medio ambiente	
Peligroso para el medio ambiente acuático, crónico, categoría 2	H411	—	R51/53		

http://www.insht.es/InshtWeb/Contenidos/Documentacion/TextosOnline/postersTecnicos/ficheros/
CARTEL%20SGA.pdf

J) Exposición a temperatura (frío/calor)

Este tipo de riesgo laboral se da en situaciones de acceso a zonas muy calientes o muy frías. El riesgo se encuentra en la apertura de hornos, o en el acceso a cámaras frigoríficas.

Si vamos a permanecer mucho tiempo en una zona donde las temperaturas sean elevadas (cocina, zona de hornos, túneles de limpieza…), debemos recordar ingerir líquidos (preferiblemente agua) continuamente para evitar deshidratarnos y golpes de calor.

En las cámaras frigoríficas y congeladores debemos colocarnos la ropa protectora adecuada y evitar los cambios frecuentes de temperatura.

Los riesgos más frecuentes en las cámaras frigoríficas y congeladores es la exposición a temperaturas extremas (frío) y posibles congelaciones. Para evitar estos riesgos, las medidas preventivas que debemos tomar son:

- Conocer la existencia y ubicación de los elementos de seguridad de las cámaras:
  ▷ Apertura interior.
  ▷ Timbre de alarma o sistema de megafonía.
  ▷ Hacha.
- En cámaras con temperaturas inferiores a –12º está prohibido permanecer una sola persona en la zona de trabajo.
- Es necesario el uso obligatorio de:
  ▷ Chalecos acolchados.
  ▷ Ropa impermeable.
  ▷ Botas impermeables.
  ▷ Guantes.

K) Riesgo biológico

El Real decreto 664/97 sobre protección de los trabajadores contra riesgos relacionados con la exposición a agentes biológicos durante el trabajo lo define como: microorganismos, cultivos celulares y endoparásitos humanos que puedan causar infecciones, alergias o toxicidad.

**¡ATENCIÓN!
RIESGO BIOLÓGICO**

Las actividades con exposición a posibles riesgos biológicos son:

- Trabajos en centros de producción de alimentos.
- Trabajos agrarios.
- Actividades en las que existe contacto con animales o con productos de origen animal.

© Ediciones Rodio

- Trabajos de asistencia sanitaria, comprendidos los desarrollados en servicios de aislamiento y de anatomía patológica.
- Trabajos en laboratorios clínicos, veterinarios, de diagnóstico y de investigación, con exclusión de los laboratorios de diagnóstico microbiológico.
- Trabajos en unidades de eliminación de residuos.
- Trabajos en instalaciones depuradoras de aguas residuales.

Las estrategias de prevención son:

- Barreras físicas: uso de vestuario adecuado, mascarillas de protección, guantes, etc.
- Barreras químicas: uso de desinfectantes, correcta limpieza de la zona de producción, etc.
- Códigos de buena práctica: correcta manipulación de alimentos, respeto por las temperaturas, etc.
- Barreras farmacológicas: vacunación anticipada, controles médicos, etc.

Y las estrategias de actuación son:

- En el caso de bandejas que contengan elementos de riesgo biológico, se apartará la bandeja y se contactará con el Jefe de Área.
- La manipulación de bandejas siempre se realizará con guantes y mascarilla.
- Los residuos con contaminantes biológicos no se recogerán con el resto de residuos, sino que recibirán un tratamiento por separado.

7.6. Señalización

Las señales que nos vamos a encontrar en nuestro restaurante o lugar de trabajo son:

- Señales de Advertencia: tienen forma triangular y son negras sobre fondo amarillo.

Materias inflamables   Mat. Explosivas   Materias Tóxicas   Mat. Corrosivas   Mat. Radiactivo

Riesgo electrico   Peligro en general   Radiaciones Láser   Rad. no ionizantes   Cargas suspendidas

© Ediciones Rodio

- Señales de Prohibición: son de forma redonda y tienen un dibujo negro sobre fondo blanco y los bordes y la marca transversal rojos.

| Prohibido fumar | Prohibido fumar y encender fuego | Prohibido pasar a los peatones | Agua no potable |

| Prohibido a los vehículos de manutención | Entrada prohibida a personas no autorizadas | No tocar | No ingresar animales |

- Señales de Obligación: tienen forma redonda y son blancas sobre fondo azul.

OBLIGATORIO AGARRARSE AL PASAMANOS — PROTECCION OBLIGATORIA DEL CUERPO — ES OBLIGATORIO USAR UNIFORME — OBLIGATORIO USAR MANDIL

AGUA NO POTABLE — AGUA POTABLE — OBLIGATORIO SOLO MERCANCIAS — OBLIGATORIO SOLO PERSONAS

ES OBLIGATORIO EL USO DE CASCO Y GAFAS — ES OBLIGATORIO EL USO DE GAFAS ANTISALPICADURAS — PASO OBLIGATORIO CARRETILLAS — OBLIGACION GENERAL

© Ediciones Rodio

– Señales lucha contra incendio: tienen forma rectangular o cuadrada y son blancas sobre fondo rojo.

Manguera para incendios

Escalera de mano

Extintor

Teléfono para la lucha contra incendios

Dirección que debe seguirse
(señal indicativa adicional a las anteriores)

– Señales de salvamento o socorro: son de forma rectangular o cuadrada y son blancas sobre fondo verde.

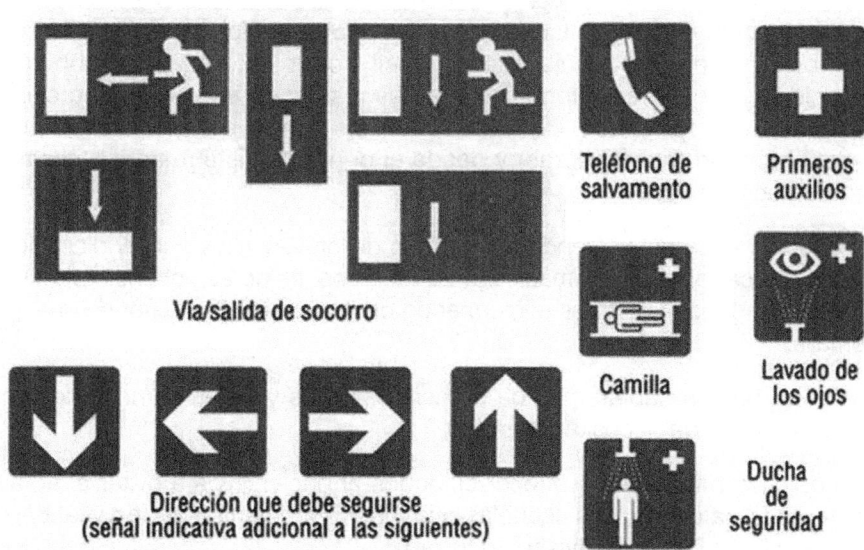

Teléfono de salvamento

Primeros auxilios

Vía/salida de socorro

Camilla

Lavado de los ojos

Dirección que debe seguirse
(señal indicativa adicional a las siguientes)

Ducha de seguridad

8. Actuaciones en caso de emergencia y primeros auxilios

En el caso de situaciones de emergencia, la empresa debe establecer un plan de emergencia que deben conocer todos los empleados, así como facilitar unas indicaciones por medio de carteles o planos para una adecuada evacuación del lugar de trabajo.

El Punto de Encuentro es el lugar a donde se dirigirá el personal una vez evacuado el centro de trabajo, en el caso de una situación de emergencia.

La manera de actuar que debemos seguir en el caso de emergencia es:

- Mantener la calma.
- Evacuar siguiendo los recorridos naturales.
- Evacuar cerrando puertas.
- No retroceder ni detenerse.
- Dirigirse al punto de encuentro.
- Colaborar con el recuento.

Una de las situaciones más comunes en un caso de emergencia es un incendio o explosión. Se puede dar cuando se trabaja en ambientes, materiales o elementos inflamables. Es uno de los accidentes más comunes en todas las actividades y de más costosa consecuencia.

¿Dónde está el riesgo? Las causas que producen los incendios son muy numerosas y con frecuencia resulta difícil poder determinarlas con cierta rigurosidad, por ello es bueno conocer las clases de incendios que existen y la forma de propagarlos. Las consecuencias son diversas, desde el punto de vista humano (quemaduras) y desde el punto de vista material (elevadas pérdidas económicas).

Podemos evitarlos siguiendo las normas de prevención de incendios (no fumar, no colocar objetos inflamables junto a hornos, freidoras), conociendo el uso y colocación de los extintores e informando de inmediato al superior de cualquier anomalía.

A continuación hablaremos de primeros auxilios y daremos unas nociones básicas en caso de necesitar intervenir.

El objetivo prioritario es ofrecer cuidados al paciente para evitar el agravamiento de la patología, sus secuelas o la muerte mediante soporte vital básico (conducta PAS: Proteger, Avisar, Socorrer).

Quien tiene que realizar el soporte vital básico es aquella persona que está al lado del paciente, cualquiera de nosotros puede ser esa persona.

© Ediciones Rodio

Para poder prestar soporte vital básico hay que:

- Poseer la formación adecuada.
- No ponerse nervioso, actuar con calma.
- Evaluar rápidamente.
- No precipitarse.
- Ante la duda es mejor abstenerse.

8.1. Cortes

¿Cómo debemos tratar una herida? (cortes)

- Ponerse guantes de látex antes de tocar una herida.
- Lavar con agua y jabón (siempre desde dentro hacia fuera).
- Aplicar un antiséptico (yodo por ejemplo).
- Tapar con gasas estériles o pañuelo limpio.
- Si sangra presionar sobre la herida unos 5 minutos para parar la hemorragia.
- Si la herida se produce en los ojos, no hacer nada, tapar.
- Dirigirse a un centro médico (siempre que sea necesario).

8.2. Quemaduras

¿Cómo debe tratarse una quemadura?

- Tratarlas igual que las heridas.
- No romper las ampollas.
- No tratarlas con ningún tipo de pomada ni pasta de dientes.
- Sumergir en agua fría durante 5 minutos y poner algún apósito limpio y húmedo.
- No quitar la ropa adherida a la quemadura.
- Si el herido está consciente, darle pequeños sorbos de agua o suero.
- Independientemente de la quemadura, si la extensión es importante siempre evacuar al herido a un centro médico.
- No dar nunca alcohol al herido.
- No fumar.

Las contusiones son aquellas lesiones en las que un agente traumático externo golpea contra la piel pero no llega a romper la continuidad de esta.

Pueden ser leves, que son aquellas en que la afectación es superficial y se reconocen por el enrojecimiento de la zona contusionada o por la aparición del típico "cardenal" (rotura de pequeños vasos sanguíneos). Y cuyos síntomas suelen ser: dolor de intensidad variable (depende de la parte del cuerpo donde se produce la contusión), y/o puede existir inflamación de la zona.

O pueden ser graves y se reconocen por la aparición del hematoma o colección líquida de sangre (en forma de relieve), producida por la rotura de vasos sanguíneos de mayor calibre que el capilar.

La afectación del tejido subyacente puede afectar a músculos, nervios, huesos, etc., y sus síntomas son: dolor manifiesto o incluso muy intenso, inflamación evidente y posible impotencia funcional o aumento intenso del dolor ante la movilidad.

8.3. Contusiones

¿Cómo debe tratarse una contusión?

- Aplicar frío (compresas, hielo…).
- Reposo de la zona afectada.
- Ante una contusión grave se debe inmovilizar la zona y evacuar al herido a un centro hospitalario.
- Es importante reseñar que, ante la duda, siempre se atenderá sospechando la peor lesión.

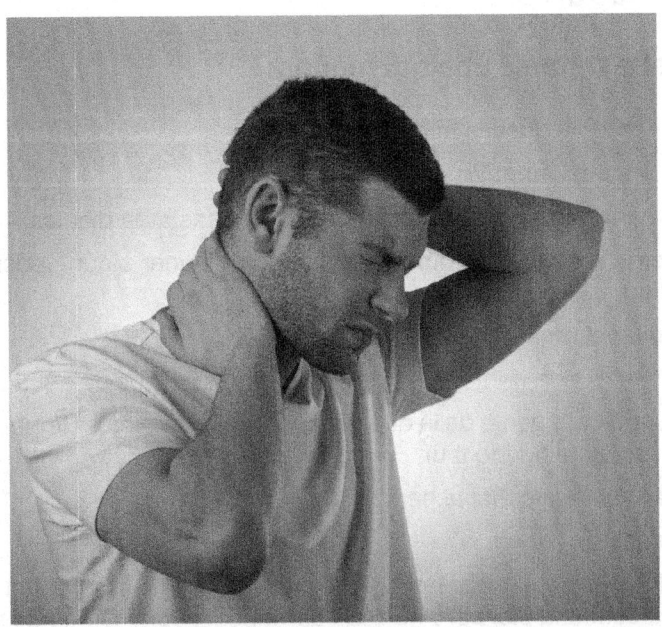

© Ediciones Rodio

8.4. Pérdidas de consciencia

¿Cómo debe tratarse una alteración de la consciencia?

Podemos encontrarnos tres tipos de alteraciones:

- Lipotimia.
- Convulsiones.
- Pérdida de consciencia.

La lipotimia es una breve pérdida de conocimiento causada por una reducción temporal de flujo sanguíneo al cerebro. Las causas pueden ser varias (dolor, sobresalto, agotamiento, alteración emocional, ambientes calurosos, etc.), los síntomas son fácilmente detectables si vemos que alguien tiene el pulso bajo, se cae al suelo y/o tiene la piel pálida, fría y sudorosa y la actuación que debemos seguir es:

- Tumbar a la persona y elevarles las piernas.
- Aflojarle la ropa.
- Airear el lugar.
- Abrir la vía aérea y revisar la boca.

Las convulsiones son contracciones bruscas, involuntarias y repetitivas de la musculatura que pueden deberse a múltiples causas. La forma en que debemos actuar es:

- Evitar que se lesione retirando objetos.
- No debemos sujetar al accidentado.
- Aflojar la ropa.
- Introducir un objeto blando en la boca.
- En fase post-convulsiva, se le colocará en PLS (posición lateral de seguridad) y se controlarán las constantes vitales.
- Remitir al hospital.

Ante la pérdida de conocimiento debemos:

- Aflojar las ropas.
- Elevar las piernas a unos 45 grados.
- Abrir la vía aérea y limpiar la boca.
- Si no recobra la consciencia en pocos minutos, pedir ayuda sanitaria y colocar a la persona en PLS, controlando periódicamente sus constantes vitales.
- Si no hay respiración y/o latido cardiaco se procederá a la RCP.

8.5. Obstrucciones de vías aéreas

¿Cómo debemos actuar ante una obstrucción de la vía aérea?

Las posibles causas de una obstrucción de la vía aérea son la caída de la lengua hacia la faringe y un cuerpo extraño (suceso conocido como atragantamiento).

La actuación ante una obstrucción parcial es:

− Dejarlo toser.

− Si la víctima respira, estimularlo a respirar.

− Observar si expulsa el cuerpo extraño y vigilar si empeora.

− Si la persona no tose ni respira y presenta debilidad:

1. Retirar cualquier objeto que esté dentro de la boca.

2. Colocarse de pie al lado y un poco detrás de la víctima.

3. Sujetar la cintura de la víctima con el brazo extendido e inclinarla hacia delante.

4. Dar 5 golpes fuertes en la espalda con el talón de la mano.

5. Si fallan los golpes en la espalda, iniciaremos la Maniobra de Heimlich.

6. Si la obstrucción persiste, continuar alternando 5 golpes en la espalda con 5 compresiones abdominales.

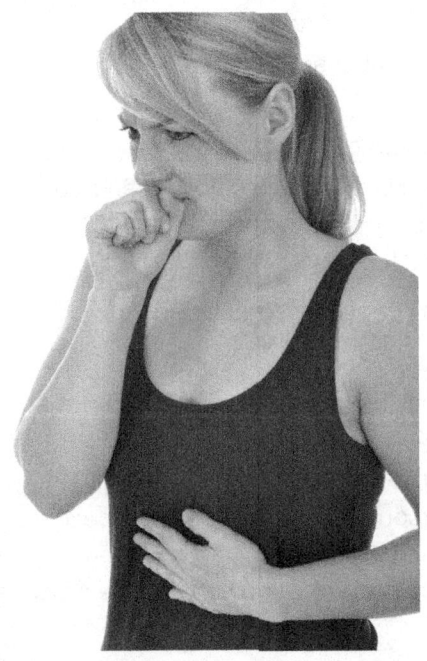

© Ediciones Rodio

– Si la víctima queda inconsciente:

1. Estirar a la persona en el suelo, abrir la boca y retirar cualquier objeto visible.

2. Empezar con 30 compresiones torácicas.

3. Volver a revisar la boca.

4. Intentar 2 insuflaciones.

5. Seguir ciclos de 30 compresiones, seguidos de limpieza de la boca e intentos de insuflación.

6. Si conseguimos ventilar a la víctima y no respira normalmente, iniciar RCP con relación 30/2.

7. Esta actuación se llevará a cabo también en embarazadas y personas con gran abdomen.

La Maniobra de Heimlich tiene como objetivo empujar el cuerpo extraño hacia la tráquea mediante la expulsión del aire que llena los pulmones.

La manera de actuar es la siguiente:

1. Coger al accidentado por detrás y por debajo de los brazos.

2. Colocar el puño cerrado 4 dedos por encima de su ombligo, justo en la línea media del abdomen.

3. Colocar la otra mano sobre el puño.

4. Reclinarlo hacia delante y efectuar una presión abdominal centrada hacia adentro y hacia arriba, a fin de presionar (5 veces) el diafragma.

¡Recuerda!

– Utilizar los EPI.
– Orden y limpieza.
– Fichas de seguridad de los productos de limpieza.
– Correcta manipulación de cargas.
– Utilización de la maquinaria según las instrucciones.
– Conocer actuación en caso de emergencia.
– En caso de duda, consulte al responsable del centro.

Capítulo 2

Cumplimiento de las normas de higiene alimentaria y manipulación de alimentos

Índice

1. Introducción

2. Procesos operacionales: preparación de los alimentos

3. Servido de comidas (Artículo 28)

4. Las bebidas alcohólicas y no alcohólicas

5. La salud, higiene y capacitación del personal

6. Las medidas de saneamiento

7. La vigilancia y control sanitario

8. Las infracciones, medidas de seguridad y sanciones

9. Disposición transitoria y final

10. Guía de control de plagas

11. Desarrollo del programa del control de plagas

12. Verificación del programa de control de plagas

© Ediciones Rodio

1. Introducción

El **alimento** es cualquier sustancia (sólida o líquida) normalmente ingerida por los seres vivos con fines:

1. Nutricionales: regulación del metabolismo y mantenimiento de las funciones fisiológicas, como la temperatura corporal.
2. Psicológicos: satisfacción y obtención de sensaciones gratificantes.

Estos dos fines no han de cumplirse simultáneamente para que una sustancia sea considerada alimento. Así, por ejemplo, las bebidas alcohólicas no tienen interés nutricional, no nos sirven para ayudar a nuestras funciones vitales, pero sí tienen un interés psicológico. Por ello, son consideradas alimento. Por el contrario, no se consideran alimentos las sustancias que no se ingieren o que, una vez ingeridas, alteran las funciones metabólicas del organismo. De esta manera, un chicle, el tabaco, los medicamentos y demás drogas no se consideran alimentos.

2. Procesos operacionales: preparación de los alimentos

2.1. Preparación previa (Artículo 22)

Las carnes, pescados, mariscos y vísceras se lavarán con agua potable corriente antes de someterlas al proceso de cocción, con la finalidad de reducir al máximo la carga microbiana. Las hortalizas, según corresponda, se lavarán hoja por hoja o en manojos bajo el chorro de agua potable, para lograr una acción de arrastre de tierra, huevos de parásitos, insectos y otros contaminantes.

El manipulador encargado del deshojado de las hortalizas se lavará y desinfectará las manos antes de esta operación; el deshojado se realizará antes de la desinfección y bajo el chorro de agua potable.

La desinfección de hortalizas y frutas posterior al lavado se efectuará con desinfectantes comerciales de uso en alimentos, aprobados por el Ministerio de Salud y se seguirán las instrucciones del fabricante, luego se enjuagarán con agua potable corriente.

Los utensilios como cuchillos y tablas, entre otros, que se utilizan para corte, trozado, fileteado... de alimentos crudos, deben ser exclusivos para tal fin y mantenerse en buen estado de conservación e higiene.

Actualmente en las cocinas se utilizan diferentes colores de tablas de corte para cada alimento, evitando la contaminación cruzada (más adelante hablaremos de ella). Por ejemplo:

- Para verduras y hortalizas se utiliza una tabla de color verde.
- Para pescados y mariscos se utiliza una tabla de color azul.
- Para carnes, piezas de caza y aves, se usa una tabla de color rojo.

Durante la preparación previa de los alimentos, la cantidad de estos sobre las mesas de trabajo no debe sobrepasar la capacidad de la superficie de dichas mesas, para evitar caídas accidentales de los alimentos al suelo. Es decir, no debemos acumular mucho trabajo encima de la mesa de trabajo, lo correcto es seguir un plan de trabajo y hacer las cosas una a una.

Los alimentos picados y troceados para la preparación del día que no se utilicen de inmediato, deben conservarse en refrigeración y protegidos hasta su cocción o servido.

2.2. Descongelación (Artículo 23)

La descongelación de alimentos puede realizarse en refrigeración, horno microondas o por inmersión (en envase hermético) en agua fría que corra en forma constante. Los alimentos descongelados deben ser transferidos inmediatamente a cocción.

Nunca se debe poner el alimento a descongelar directamente sobre el agua.

La materia prima o el alimento que haya sido descongelado debe utilizarse inmediatamente y de ninguna manera luego de descongelado se volverá a congelar.

Si se vuelve a congelar una vez descongelado, estaremos guardando posibles bacterias que pueden corromper el alimento, además al volver a congelar se forman cristales de agua que rompen las fibras de los alimentos, alterando sus propiedades.

© Ediciones Rodio

2.3. Proceso de cocción (Artículo 24)

Durante el proceso de cocción se verificará y registrará regularmente los tiempos y temperaturas alcanzados por los alimentos, de la forma siguiente:

a) El grado de cocción de grandes trozos y enrollados de carnes y aves debe alcanzar en el centro de la pieza una cocción completa, lo cual se verificará al corte o con un termómetro para alimentos, la temperatura estará por encima de los 80 °C.

b) Las grasas y aceites utilizados para freír no deben estar quemados y deben renovarse inmediatamente cuando los cambios de color, olor y/o sabor sean evidentes.

c) Lo ideal es freír a una temperatura de 180°, por encima de esa temperatura, el aceite pierde su vitamina E, perdiendo sus propiedades y beneficios.

2.4. Conservación de alimentos preparados (Artículo 25)

Las comidas preparadas parcialmente o pre-cocidas, con el fin de terminarlos en el momento de su pedido, deben conservarse rotuladas en refrigeración y bien tapadas para evitar su contaminación.

Las preparaciones a base de ingredientes crudos o cocidos perecederos de consumo directo deben conservarse en refrigeración a una temperatura no mayor de 5 °C hasta el momento de su consumo. El tiempo de conservación de estos alimentos no debe permitir la alteración de sus características organolépticas. Más adelante hablaremos de la preparación previa antes de empezar el servicio de comidas.

Para el caso de los alimentos de mayor riesgo como cremas a base de leche y huevos crudos, el periodo de conservación no podrá ser mayor de 24 horas.

Los embutidos y similares deben servirse de inmediato o conservarse en refrigeración, protegidos para evitar que se resequen y que se contaminen.

2.5. Recalentamiento de comidas (Artículo 26)

El recalentamiento de las porciones que se han mantenido en frío debe hacerse lo más rápido posible y hasta alcanzar una temperatura mínima de 74 °C en el centro del alimento por al menos 30 segundos y servirse de inmediato.

Los alimentos recalentados que no se consuman se descartarán y no podrán regresar al refrigerador o congelador.

Artículo 27. Contaminación Cruzada

Para prevenir la contaminación cruzada en la cocina se aplicarán las siguientes medidas:

a) Las materias primas y alimentos crudos que se almacenen en los equipos de frío estarán protegidos y se ubicarán por separado de los alimentos cocinados, pre-cocidos y de consumo directo.

a) El personal encargado de la manipulación de las materias primas se lavará y desinfectará las manos antes de entrar en contacto con alimentos preparados o listos para el consumo.

b) Las tablas y utensilios que se empleen para efectuar la manipulación de los alimentos deben ser diferentes para los crudos y para los cocidos.

c) Las mesas de trabajo deben lavarse y desinfectarse después de utilizarse con alimentos crudos.

¡Recuerda! 〉〉〉

– Los alimentos antes de cocinarlos hay que manipularlos correctamente (limpiarlos, desinfectarlos, etc.).

– Los alimentos descongelados no deben volver a congelarse.

– La cocción debe ser completa y no dejar los alimentos medio crudos.

– La conservación dependerá del producto. Cada uno de ellos tiene unas condiciones que debemos respetar.

– Los alimentos recalentados no podrán volver a guardarse en el frío.

– Debemos evitar la contaminación cruzada siendo higiénicos y manipulando correctamente los alimentos.

〉〉

© Ediciones Rodio

3. Servido de comidas (Artículo 28)

La vajilla, cubiertos y vasos deben estar limpios, desinfectados y en buen estado de conservación e higiene. Se debe poner atención a su manejo de acuerdo con las siguientes indicaciones: los platos se tomarán por debajo o por los bordes, los vasos por las bases, los cubiertos por sus mangos y las tazas por debajo o por las asas, procurando no tocar con los dedos la superficie que entrará en contacto con los alimentos o la boca de los comensales. En ningún caso los platos o fuentes con las preparaciones se colocarán unos sobre otros.

El agua y el hielo serán potables y deben mantenerse en recipientes cerrados, limpios y desinfectados. El hielo no debe manipularse directamente con las manos, se hará con pinzas, cucharas o similares, evitándose el uso de vasos en esta práctica.

El hielo utilizado en el enfriamiento de botellas, copas u otros debe ser de agua potable pero no debe utilizarse para consumo humano.

Al servir los alimentos sin envoltura no deben utilizarse directamente las manos, sino guantes desechables, pinzas, espátulas u otros utensilios apropiados, según sea el caso.

Seguro que hemos observado alguna vez cómo un camarero sirve el pan con pinzas en un restaurante. Este es un ejemplo muy claro de un buen uso y un correcto servicio.

Para el servido del azúcar, café soluble y productos complementarios a la comida, como mostaza, mayonesa, salsa de tomate u otros, se evitarán los dispensadores m anuales, reemplazándolos por porciones individuales envasadas comercialmente.

En el caso del servido a la mesa de cremas y salsas no envasadas comercialmente, estas se servirán debidamente refrigeradas en recipientes de uso exclusivo y de material de fácil lavado, que no transmita contaminación, olor o sabor a los alimentos; debiendo estar en buen estado de conservación e higiene, y cuidando de renovar completamente el contenido por cada servido a la mesa, previo lavado.

3.1. De las modalidades de servicio al consumidor (Artículo 29)

Cualquiera que sea la modalidad de servicio al consumidor, incluso las que no se indican en este Artículo, se sujetarán estrictamente a los Principios de Higiene, las Buenas Prácticas de Manipulación, las Temperaturas de Seguridad y demás requisitos higiénico sanitarios que se establecen en la presente Norma Sanitaria.

En las preparaciones destinadas a la modalidad de "Menú" debe aplicarse el Principio de las Temperaturas de Seguridad y condiciones estrictas de higiene, completándose el servido de raciones en un periodo máximo de 3 horas.

En la modalidad de "Autoservicio" debe protegerse los alimentos mediante el uso de medias campanas sobre la mesa de servido, las cuales impiden el acercamiento excesivo del comensal a los alimentos y por lo tanto su posible contaminación con cabellos, saliva, ropa, etc.

En la modalidad de "Autoservicio" en la cual las raciones son servidas por un manipulador, la protección de los alimentos debe ser mayor, teniendo en cuenta que no hay contacto con el consumidor.

En todos los casos las preparaciones tendrán utensilios exclusivos para su servido que aseguren su manipulación correcta. No es correcto utilizar un mismo utensilio para servir ensalada y pasta; cada recipiente o preparación, debe contar con un utensilio exclusivo. Durante la exhibición de los alimentos vía autoservicio se aplicará en forma estricta el Principio de las Temperaturas de Seguridad.

En la modalidad de "Servicio a Domicilio" deben cumplirse las siguientes condiciones higiénicas del transporte de las comidas:

a) Uso de envases desechables de primer uso que contengan las preparaciones.

b) Las salsas de fabricación industrial deben estar en sus envases originales.

c) Debe aplicarse el Principio de Temperaturas de Seguridad, para lo cual se utilizarán contenedores térmicos para su transporte en el caso de tiempos mayores a 1 hora.

d) Los contenedores deben tener cierre hermético y mantenerse cerrados con un sistema de seguridad que no permita la manipulación a personas no autorizadas.

e) Distribuir los alimentos en el contenedor evitando la contaminación cruzada entre estos.

3.2. Atención al consumidor (Artículo 30)

El área de atención al consumidor, según las modalidades del servicio, debe tener su mobiliario y mantelería en buen estado de conservación e higiene. Si la modalidad lo requiere, se colocarán recipientes para basura con bolsas plás-

© Ediciones Rodio

ticas y tapas de vaivén que se mantendrán en buen estado de conservación e higiene, no permitiendo que los residuos rebasen su capacidad.

Se promoverá la higiene de manos de los comensales como medida sanitaria, a través de mensajes educativos y de elementos de uso individual como toallitas o gel desinfectante, entre otros.

¡Recuerda!

– La vajilla, cubiertos y vasos deben estar en óptimas condiciones y el trato que les demos debe ser el correcto (no servir los alimentos con las manos).

– En la modalidad "menú", vigilar bien las temperaturas.

– En la modalidad "autoservicio", proteger los alimentos para evitar contaminación.

– En la modalidad "servicio a domicilio", cumplir correctamente las condiciones higiénicas de transporte.

4. Las bebidas alcohólicas y no alcohólicas

4.1. Las bebidas no alcohólicas (Artículo 31)

Las bebidas no alcohólicas envasadas (jugos, refrescos, gaseosas o similares) se servirán en sus envases originales; en el caso del uso de equipos surtidores o dispensadores, se servirán en vasos desechables o vasos de vidrio limpios. Dichos equipos se mantendrán en buen estado de conservación e higiene.

Los licuados, batidos, cremas o similares se servirán en vasos limpios y los utensilios complementarios como adornos, sorbetes u otros deben ser de primer uso y de material desechable.

4.2. Las bebidas alcohólicas (Artículo 32)

Las bebidas alcohólicas que se sirvan en restaurantes y servicios afines deben ser de procedencia formal y tener autorización de expendio, registro sanitario y fecha de vencimiento cuando corresponda. Asimismo, los licores importados deben tener registro sanitario, información en el rótulo consignada en idioma español, fecha de vencimiento cuando corresponda, y las restricciones o advertencias para su consumo, de ser el caso.

Las mezclas, cócteles y similares deben prepararse con insumos de procedencia formal y aplicándose los Principios Generales de Higiene y las Buenas Prácticas de Manipulación.

4.3. La manipulación de las bebidas (Artículo 33)

Los manipuladores de las bebidas no alcohólicas y alcohólicas deben observar todas las recomendaciones de salud, higiene personal y presentación que se establecen en la presente Norma Sanitaria. El lavado de manos es esencial antes de toda preparación así como el uso de utensilios para el hielo y otros insumos.

El Bar debe contar con un lavadero provisto de agua potable y que esté conectado a la red de desagüe y, con un recipiente adecuado para la eliminación de residuos.

– Las bebidas mejor servirlas en envases originales.

– Las bebidas alcohólicas deben tener su registro sanitario.

– Para manipular bebidas o hacer cócteles, debemos respetar las normas de manipulación de alimentos.

5. La salud, higiene y capacitación del personal

5.1. Salud del personal (Artículo 34)

La administración del restaurante o servicios afines es responsable del control médico periódico de los manipuladores de alimentos que trabajan en dichos establecimientos.

No debe permitirse que aquellos que padecen enfermedades infecto-contagiosas, diarreas, heridas infectadas o abiertas, infecciones cutáneas o llagas, continúen con la manipulación de los alimentos, hasta que se verifique el buen estado de su salud.

5.2. Higiene y hábitos del personal (Artículo 35)

Los manipuladores de alimentos deben mantener una esmerada higiene personal, especialmente en el lavado de manos, de la siguiente forma:

a) Antes de iniciar la manipulación de alimentos.

b) Inmediatamente después de haber usado los servicios higiénicos.

c) Después de toser o estornudar utilizando las manos o pañuelo.

d) Después de rascarse.

e) Después de manipular cajas, envases, bultos y otros artículos contaminados.

f) Después de manipular alimentos crudos como carnes, pescados, mariscos, etc.

g) Después de barrer, trapear suelos, recoger y manipular los recipientes de residuos, limpiar mesas del comedor, tocar dinero, y todas las veces que sea necesario. Los manipuladores de alimentos también deben observar hábitos de higiene estrictos durante la preparación y servido de los alimentos, tales como evitar comer, fumar o escupir. Ellos deben tener las uñas recortadas, limpias y sin esmalte, y sus manos estarán libres de objetos o adornos personales como joyas, relojes u otros.

5.3. Vestimenta (Artículo 36)

Los manipuladores de alimentos (del área de cocina) deben usar ropa protectora de color blanco que les cubra el cuerpo, llevar completamente cubierto el cabello y tener calzado apropiado. Toda la vestimenta debe ser lavable, mantenerla limpia y en buen estado de conservación, a menos que sea desechable.

El resto del personal debe usar ropa protectora mantenida en buen estado de conservación e higiene.

Los operarios de limpieza y desinfección de los establecimientos deben usar delantales y calzados impermeables.

5.4. La capacitación sanitaria (Artículo 37)

La capacitación sanitaria de los manipuladores de alimentos es responsabilidad de la administración del establecimiento y tiene carácter obligatorio para el ejercicio de la actividad, pudiendo ser brindada por las Municipalidades, entidades públicas y privadas, o personas naturales especializadas. Dicha capacitación debe efectuarse por lo menos cada seis (06) meses mediante un programa que incluya los Principios Generales de Higiene, las Buenas Prácticas de Manipulación de Alimentos y Bebidas, entre otros.

La capacitación del Equipo de Autocontrol Sanitario a que se refiere el Artículo 42 de la presente Norma Sanitaria debe incluir los siguientes temas:

a) Contaminación de Alimentos y Enfermedades de Transmisión Alimentaria relacionadas a alimentos preparados.

b) Principios Generales de Higiene. Buenas Prácticas de Manipulación de alimentos y bebidas.

c) Programas de Higiene y Saneamiento. Bases del sistema HACCP aplicado a Restaurantes o Servicios Afines.

d) Aplicación de las Fichas de Evaluación Sanitaria de Restaurantes.

e) Cumplimiento de la presente Norma Sanitaria.

© Ediciones Rodio

El HACCP o APPCC (análisis de peligros en puntos críticos de control) es un sistema para prevenir y luchar contra las enfermedades alimentarias que consiste en identificar los peligros que puedan existir en algún punto de la cadena de producción, tratamiento o preparación de alimentos, evaluando sus riesgos y determinando como controlarlos.

El procedimiento es el siguiente:

1. Análisis de peligro, gravedad y riesgo.
2. Determinar puntos críticos de control.
3. Especificación de los criterios.
4. Vigilancia de puntos críticos.
5. Puesta en práctica de medidas correctoras.
6. Verificación.

Los puntos críticos son las medidas que se utilizan con los alimentos, las cuales pueden llegar a contaminarlo. El HACCP intenta anular todos esos puntos críticos.

Ejemplo

Una lechuga puede tener un posible contagio por salmonelosis. La lavamos, la desinfectamos, la cortamos y la presentamos. Después de desinfectarla nos podemos encontrar con tres puntos críticos.

1. La persona que corta puede no estar limpia.
2. El cuchillo puede no estar limpio o esterilizado.
3. La tabla puede estar infectada.

¡Recuerda!

- La dirección del restaurante es la responsable del control médico de los trabajadores.
- Los manipuladores de alimentos deben ser higiénicos, sobre todo en cuanto a las manos.
- La vestimenta debe ser la correcta.
- Los manipuladores de alimentos deben estar formados como tales y su formación es responsabilidad de la empresa.

6. Las medidas de saneamiento

6.1. Limpieza y desinfección del establecimiento (Artículo 38)

Los establecimientos deben contar con un Programa de Higiene y Saneamiento en el cual se incluyan los procedimientos de limpieza y desinfección para satisfacer las necesidades del tipo de restaurante o servicio de comidas que se ofrece, utilizando productos autorizados por el Ministerio de Salud.

Los detergentes que se utilicen deben eliminar la suciedad de las superficies, manteniéndola en suspensión para su fácil eliminación y tener buenas propiedades de enjuague. Deben ser compatibles con otros productos desinfectantes empleados en el Programa de Higiene y Saneamiento y no ser corrosivos. Alguna vez hemos escuchado que mezclando algunos productos químicos se ha producido una reacción perjudicial para la salud. Es muy importante y necesario que los productos de limpieza que utilicemos sean compatibles y seguir en todo momento las instrucciones de uso del fabricante.

6.2. Prácticas de limpieza y desinfección (Artículo 39)

a) Las superficies de las áreas de trabajo, los equipos y utensilios deben limpiarse y desinfectarse a diario, tomando las precauciones adecuadas para que los detergentes y desinfectantes utilizados no contaminen los alimentos.

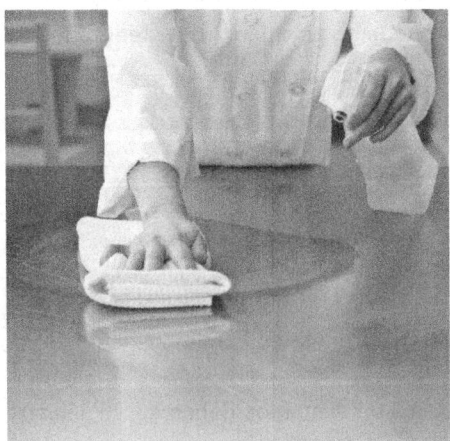

b) Durante las actividades en la cocina solo se pueden recoger alimentos, líquidos del suelo u otros desperdicios accidentales con un trapo húmedo, nunca con escoba, porque se puede levantar contaminación del suelo hacia los alimentos.

© Ediciones Rodio

c) Inmediatamente después de terminar la jornada de trabajo o cuantas veces sea necesario, los suelos deben limpiarse minuciosamente y desinfectarse, incluidos los desagües, las estructuras auxiliares y las paredes de la zona de manipulación de alimentos.

d) Los vestuarios y servicios higiénicos deben mantenerse limpios en todo momento.

e) Se deben limpiar y desinfectar las sillas para niños después de cada uso.

f) Debe disponerse de áreas o compartimentos para el almacenamiento de los complementos de aseo y sustancias utilizadas para la limpieza, tales como escobas, escobillas, detergentes, etc., los cuales deben mantenerse y almacenarse de forma que no contaminen los alimentos, los utensilios, el equipo o la ropa.

g) Después de la limpieza, en el procedimiento de secado debe utilizarse materiales absorbentes.

h) Debe verificarse la eficacia de los procedimientos de limpieza y desinfección mediante vigilancia microbiológica de las superficies que entran en contacto con los alimentos, como mínimo 4 veces al año.

6.3. Las plagas y animales (Artículo 40)

Los establecimientos deben conservarse libres de roedores e insectos. Para impedir su ingreso desde los colectores, en las cajas y buzones de inspección de las redes de desagüe se colocarán tapas metálicas y trampas en su conexión con la red de desagüe.

La aplicación de rodenticidas, insecticidas y desinfectantes debe ser realizada por personal capacitado, usando solamente productos autorizados por el Ministerio de Salud y de uso en salud pública, teniendo cuidado de no contaminar los alimentos o superficies donde se manipulan.

Queda expresamente prohibida la presencia de cualquier animal en cualquier área del establecimiento. Sabemos que son una excelente compañía pero incluso los animales domésticos (a pesar de estar debidamente cuidados y lavados) son una fuente enorme de gérmenes y bacterias, debido a esta circunstancia, están prohibidos los animales en los restaurantes.

6.4. Almacenamiento de plaguicidas y desinfectantes (Artículo 41)

Los plaguicidas, desinfectantes u otras sustancias tóxicas que puedan representar un riesgo para la salud, deben estar etiquetados adecuadamente con un rótulo en el que se informe su toxicidad, modo de empleo y medidas a seguir en el caso de intoxicaciones. Estos productos deben almacenarse en lugares separados o armarios cerrados con llave, especialmente destinados para este efecto y sólo serán distribuidos y manipulados por el personal capacitado.

Además deben tener color (el líquido debe ser de un color) con el fin de evitar confundirlo con agua y evitar así intoxicación directa.

 ¡Recuerda! 》》

– El restaurante o establecimiento debe estar limpio y desinfectado.

– Equipos, utensilios y demás deben limpiarse tantas veces sea necesario, no debiendo con esto contaminar los alimentos.

– Controlar con sumo cuidado plagas y animales.

– Los productos para evitar plagas deben guardarse y utilizarse con muchísima precaución y por una persona especializada.

》》》

© Ediciones Rodio

7. La vigilancia y control sanitario

7.1. La Vigilancia Sanitaria (Artículo 42)

La Vigilancia Sanitaria está a cargo de la Autoridad Sanitaria Municipal conforme a lo establecido en el Artículo 2 de la presente Norma Sanitaria, para lo cual, se efectuarán inspecciones sanitarias inopinadas y, de ser el caso, se realizará una toma de muestras de los alimentos, bebidas y superficies, para determinar los Criterios Microbiológicos de Higiene e Inocuidad.

En el proceso de Vigilancia Sanitaria debe observarse lo siguiente:

1. Se iniciará con un diagnóstico sanitario para evaluar las condiciones sanitarias de mayor riesgo que serán calificadas aplicando el instrumento "Ficha para la Evaluación Sanitaria de Restaurantes y Servicios Afines". El diagnóstico sanitario estará complementado por un análisis microbiológico de por lo menos 01 muestra del alimento de mayor riesgo, 01 muestra de las manos de un manipulador de alimentos y 01 muestra de los utensilios o superficie de trabajo. El muestreo y análisis puede ser realizado por cualquier laboratorio autorizado.

2. Los plazos para las mejoras, correcciones y aplicación de las Buenas Prácticas de Manipulación de los Alimentos y de los Programas de Higiene y Saneamiento y Levantamiento de Observaciones que debe cumplir el establecimiento evaluado, son de carácter razonable y son establecidos por la Autoridad Sanitaria Municipal.

3. La Autoridad Sanitaria Municipal procederá a realizar las visitas de inspección para la Vigilancia Sanitaria aplicando la misma ficha utilizada para el diagnóstico: "Ficha para la Evaluación Sanitaria de Restaurantes y Servicios Afines", lo que permitirá vigilar el progreso sanitario del establecimiento y poder calificarlo sanitariamente.

4. Dicha Autoridad puede establecer la frecuencia de la Vigilancia Sanitaria en función de la calificación sanitaria del establecimiento y cada vez que existan hechos que puedan significar riesgo para la salud del consumidor, como quejas o denuncias de los consumidores, brotes o accidentes alimentarios, etc.

7.2. El Autocontrol Sanitario (Artículo 43)

El establecimiento formulará un Plan de Autocontrol Sanitario, el cual se sustentará en las bases del Sistema HACCP, conformando un Equipo de Autocontrol Sanitario para su ejecución, el mismo que estará conformado por el dueño o administrador del establecimiento, quien lo presidirá, y por los responsables del control de calidad, del almacén, de la cocina y del comedor.

El Equipo de Autocontrol Sanitario debe capacitarse conforme a lo indicado en el Artículo 37, debiendo utilizar la "Ficha para la Evaluación Sanitaria de Restaurantes y Servicios Afines" para los respectivos controles, como mínimo dos veces al mes, informando de los resultados a la Autoridad Sanitaria Municipal en la visita de inspección que esta realice.

7.3. La calificación y certificación sanitaria de los establecimientos (Artículo 44)

La calificación y certificación sanitaria de los restaurantes y servicios afines está a cargo de la Autoridad Sanitaria Municipal.

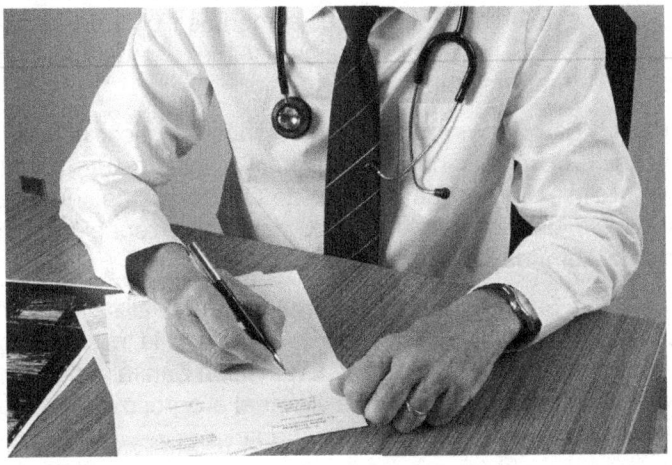

Para que los restaurantes y servicios afines puedan ser calificados como "Aceptable", deben cumplir con un mínimo de 75% de criterios sanitarios evaluados en la "Ficha de Evaluación Sanitaria para Restaurantes y Servicios Afines". Y, para la certificación como "Restaurante Saludable" o "Servicio Afín Saludable", además de dicha calificación deben cumplir con las siguientes condiciones:

1. Estar sujeto a la Vigilancia Sanitaria y tener operativo el Equipo de Autocontrol Sanitario.

2. Mantener la calificación de "Aceptable" hasta por 3 visitas consecutivas.

3. Tener capacitado a todo el personal manipulador de alimentos.

4. Contar con el Programa de Higiene y Saneamiento operativo.

© Ediciones Rodio

5. Tener operativos todos los servicios higiénicos.

6. Tener 2 evaluaciones microbiológicas consecutivas de alimentos de alto riesgo, 2 de superficies vivas (manos) e inertes (superficies), que indiquen higiene e inocuidad.

7. Mantener una adecuada cadena de frío para los productos perecederos.

¡Recuerda!

– El control sanitario lo efectuará la autoridad sanitaria municipal.

– Al mismo tiempo, la empresa formulará un propio plan sanitario para controlar que se hace lo correcto.

– Que consigamos para nuestro establecimiento la certificación sanitaria, depende de que cumplamos la normativa.

8. Las infracciones, medidas de seguridad y sanciones

8.1. Las infracciones (Artículo 45)

Constituyen infracciones a la presente Norma Sanitaria, las siguientes:

1. Respecto a la infraestructura e instalaciones

a) No contar con la estructura física en buen estado de conservación e higiene en el área de almacenamiento y de preparación de alimentos.

b) No contar con abastecimiento de agua potable.

c) No contar con servicios higiénicos limpios y operativos.

d) Dar otros usos al establecimiento diferentes al autorizado.

e) Incumplir con las disposiciones relativas al saneamiento del establecimiento.

2. Respecto a la preparación de alimentos

a) Preparar alimentos con productos alimenticios falsificados, adulterados, de origen desconocido, deteriorados, contaminados, con envase abollado, sin rótulo y/o con fecha de vencimiento expirada.

b) No contar con equipos operativos que aseguren la cadena de frío cuando se almacenen y expendan alimentos que requieren refrigeración o congelación.

c) Exhibir, almacenar y comercializar alimentos junto con productos tóxicos, como detergentes, jabones, desinfectantes y otros de alto riesgo.

d) Permitir la presencia de animales domésticos en los ambientes del establecimiento.

3. Respecto a los manipuladores de alimentos

a) Incumplir con las disposiciones de higiene y hábitos personales.

b) No asistir o incumplir con las disposiciones relativas a la capacitación obligatoria.

c) Permitir que los manipuladores de alimentos continúen con sus actividades cuando presenten signos visibles de enfermedad y otros riesgos.

8.2. Las medidas de seguridad (Artículo 46)

De acuerdo con lo establecido en el Reglamento sobre Vigilancia y Control Sanitario de Alimentos y Bebidas, aprobado por Decreto Supremo N.° 007-98-SA, pueden aplicarse las siguientes medidas de seguridad cuando se incurra en las citadas infracciones, según corresponda:

a) Decomiso, incautación, inmovilización y destrucción de los productos alimenticios cuando sean considerados no aptos para el consumo humano.

b) Suspensión temporal o definitiva del establecimiento.

8.3. Las sanciones (Artículo 47)

Conforme a lo establecido en el Reglamento sobre Vigilancia y Control Sanitario de Alimentos y Bebidas, aprobado por Decreto Supremo N.° 007-98-SA y, sin perjuicio de la aplicación de las medidas de seguridad, pueden imponerse las siguientes sanciones según la gravedad de la infracción y la condición de reincidente:

a) Amonestación.

b) Multa comprendida entre un décimo (0,1) y diez (10) Unidades Impositivas Tributarias (UIT).

c) Cierre temporal del establecimiento.

d) Cancelación de la autorización de funcionamiento del establecimiento.

e) Clausura definitiva del establecimiento.

© Ediciones Rodio

8.4. La aplicación de las medidas de seguridad y las sanciones (Artículo 48)

Las medidas de seguridad y las sanciones son aplicadas por la Autoridad Sanitaria Municipal, previo informe del personal profesional calificado y capacitado que ejerce la Vigilancia Sanitaria de Alimentos y el descargo del presunto infractor.

Las Municipalidades deben contar con un Reglamento de Infracciones y Sanciones que contenga los criterios establecidos en la presente Norma Sanitaria.

¡Recuerda!

– Que no cumplamos la normativa será motivo de sanción, cierre temporal, incautación de productos e incluso cierre definitivo.
– Las sanciones las efectuará la autoridad sanitaria municipal.

9. Disposición transitoria y final

Los restaurantes y servicios afines deben adecuarse a las disposiciones de la presente Norma Sanitaria en un plazo máximo de seis (06) meses, contados a partir de la fecha de su vigencia.

10. Guía de control de plagas

La presencia de plagas es un grave riesgo porque los mismos transportan una gran cantidad de parásitos y microorganismos patógenos a través de sus pieles, fosas nasales, tracto gastrointestinal y deposiciones, de donde pueden ser transferidos directa o indirectamente a los alimentos.

Es primordial por ello conocer no sólo las características de sobrevivencia de dichas plagas, sino también las condiciones generales y particulares del establecimiento que facilitarían invasiones progresivas de plagas a diferentes zonas de este, especialmente en las de elaboración y almacenamiento de alimentos así como en las de depósito de desperdicios.

Un programa de control de plagas (PCP) es específico para cada local y está determinado por la localización, área, infraestructura, equipos y utensilios del mismo. Igualmente, debe contener información y las herramientas básicas y suficientes para que, en la mayoría de los casos, la propia empresa lleve a cabo el control de plagas en forma efectiva. Se requiere de personal comprometido con los objetivos del programa, para detectar tempranamente situaciones de potencial riesgo.

En la presente guía se p retende establecer una serie de lineamientos que deben considerarse en el restaurante previamente a la elaboración de un PCP. Tales directivas ponen especial énfasis en la utilización correcta de productos químicos de naturaleza tóxica.

10.1. Definiciones

Plaga: especie que se encuentra en una proporción o densidad que puede llegar a dañar o constituir una amenaza para el hombre. Se suele incluir a insectos, nematodos y roedores, pero la definición es más amplia.

Cebo: comida o preparación presentada en formas y lugares adecuados para su consumo por los animales-plaga. Puede contener en su composición un veneno dirigido a ellos.

Cebar: colocar el cebo seleccionado de modo que resulte atractivo y sea ingerido por el animal-plaga.

Infestación: se refiere al número de individuos de una especie que es considerado nocivo en un determinado sitio.

Plaguicida: cualquier sustancia o mezcla de sustancias destinadas a prevenir o controlar toda especie de plantas o animales indeseables.

El término abarca también las sustancias o combinaciones de estas utilizadas como reguladoras del crecimiento vegetal, por ejemplo, defoliantes o desecantes.

Rodenticida: plaguicida para el control de roedores, principalmente ratas y ratones en restaurantes.

Raticida: rodenticida sólo dirigido al control de ratas.

Fumigación: es un método rápido para controlar las plagas. Las partículas del humo producido tienen un tamaño tal, que pueden penetrar por los orificios más diminutos. Entre los fumigantes más utilizados destacan el cianuro de calcio y el fósforo de hidrógeno, sustancias sumamente tóxicas para todos los animales y seres humanos. Por ello se requiere de equipos especiales y precauciones rigurosas; además, los ambientes y objetos que se vayan a fumigar deben sellarse completamente, lo cual demanda mucha mano de obra y material, haciendo costosa la operación. El personal que trabaja en este tipo de actividades debe poseer una licencia especial.

© Ediciones Rodio

Control de plagas: medidas desarrolladas por la empresa para prevenir o eliminar las infestaciones de plagas, sobre la base de la información de las inspecciones de rutina, así como la asesoría técnica de especialistas y proveedores garantizados de plaguicidas.

Programa de Control de Plagas (PCP): conjunto de procedimientos coordinados, dirigidos a controlar el número de las especies transmisoras de agentes infecciosos causantes de enfermedades.

10.2. Funciones y requisitos

El propietario es responsable de establecer la política que se aplicará para el control de plagas y proporcionar los medios para que se lleve a cabo. A la vez, deberá asignar a una persona como encargada del PCP, quien tendrá la autoridad para solicitar la colaboración del personal y supervisar el programa.

La persona encomendada para la ejecución del PCP tendrá que estar capacitada en buenas prácticas de manipulación, control de plagas y en normas y regulaciones nacionales. Asimismo, deberá velar por el cumplimiento de las medidas estipuladas en el programa. Sus responsabilidades son:

En los alrededores del restaurante:

- El control de infestación por roedores o insectos.
- El control de maleza y drenaje del terreno.
- El control de acumulación de materiales en desuso.

Dentro del restaurante:

- Vigilar el estado de los suelos, paredes, ventanas, baños y servicios sanitarios.
- Detectar infestaciones por roedores o insectos.
- Verificar las condiciones de almacenamiento de materias primas o productos terminados.
- Vigilar todo lo referente a la basura y aguas residuales.
- Controlar la presencia de materiales y equipos en desuso.

Con el personal:

- Brindar capacitación a los trabajadores para que colaboren en el control de plagas.
- Conocer las directrices relacionadas con la ubicación de las pertenencias y el uniforme de trabajo en el establecimiento.
- Supervisar hábitos de higiene de personal.

Sobre la inspección:

- Realizar inspecciones periódicas según el PCP y elaborar informes escritos acerca de estas.

10.3. Medidas permanentes de control de plagas

Para ejercer efectivamente un control sobre las plagas en el restaurante, es preciso utilizar los recursos disponibles adoptando medidas para conseguir mejoras graduales, según la severidad de la infestación, de manera permanente.

Medidas preventivas y correctivas

Las medidas preventivas son aquellas encaminadas a:

- Evitar el ingreso de plagas desde el exterior hacia el restaurante, y desde el interior hacia las áreas cercanas a los alimentos o donde se encuentren estos.
- Restringir el acceso directo a las zonas de los alimentos.
- Eliminar ambientes favorables para el refugio y desarrollo de la plaga.
- La aplicación rigurosa del programa de limpieza y desinfección del establecimiento, especialmente en las áreas internas. Tales actividades son imprescindibles y no sólo complementarias a la realización efectiva del PCP.

Las medidas correctivas incluyen todas las acciones destinadas a reducir, controlar o eliminar de manera directa el número de individuos-plaga presentes en el restaurante.

El tratamiento por lo general comprende la utilización de insecticidas, raticidas y trampas de luz UV contra insectos. En lo posible, debe eludirse el uso de los plaguicidas, dada su toxicidad. Pero de ser necesario esto, las medidas se tomarán a partir de la información proporcionada por inspecciones y consultas técnicas a profesionales y a los propios proveedores de dichos productos, quienes ofrecen muchas veces asistencia especializada y gratuita.

Las medidas correctivas que se considerarán principalmente son:

- Contra roedores: trampas y rodenticidas anticoagulantes.
- Contra las cucarachas: insecticidas piretroides y del grupo fosforados (únicos autorizados para uso industrial).
- Para eliminar moscas: insecticidas similares y trampas eléctricas de luz UV.

Las aves también son portadoras de enfermedades y parásitos potencialmente peligrosos para el hombre. Pueden introducirse en la edificación a través

© Ediciones Rodio

de ventanas abiertas o rotas, puertas y otros orificios y, como los roedores, dejan residuos no sanitarios que pueden contaminar las instalaciones y los productos que se elaboran en él.

Es importante que los objetivos del PCP sean entendidos por todos y que las medidas sean seleccionadas previa coordinación entre los responsables. De esta manera se evita la aparición de efectos no deseados, como el desplazamiento accidental de animales-plagas hacia zonas de tratamiento de otras plagas.

¡Recuerda! 》》

- Una plaga es una especie que se encuentra en una proporción grande y que puede dañarnos o constituir una amenaza.

- El cebo es la comida con veneno o medida para eliminar plagas.

- El PCP es el programa de control de plagas.

- Las medidas preventivas son evitar que existan plagas, que accedan al alimento y eliminar sus posibles refugios.

- Las medidas correctivas son todas las acciones que realicemos para reducir, controlar o eliminar plagas.

》》》

11. Desarrollo del programa del control de plagas

11.1. Programa de control de roedores

La necesidad de contar con un programa de control de roedores (PCR) se fundamenta tanto en razones de higiene como de economía y seguridad.

Los roedores (generalmente ratas y ratones) son portadores de muchos microorganismos patógenos y parásitos que, por su similitud biológica con los humanos, pueden transmitir enfermedades al hombre mediante el consumo o uso de los productos contaminados elaborados en la empresa.

Entre otras, tales enfermedades pueden ser las gastrointestinales, como la salmonelosis y amebiasis que provocan cuadros diarreicos, dolor, fiebre y, en algunos casos, la muerte.

Los roedores, que contaminan mucho más de lo que comen, depositan excremento, orina, pelo y otras suciedades en los productos, equipos y alrededores del establecimiento. Además, como necesitan desgastar sus incisivos frontales son capaces de roer estructuras de madera, tuberías, cables eléctricos y otros, poniendo en peligro la seguridad del restaurante.

Debe revisarse la disposición de las áreas del local, la integridad de los materiales de la infraestructura, los alrededores de las construcciones o equipos que podrían alojarlos, las vías de acceso y áreas externas que podrían facilitar su ingreso o refugio, como malezas y otras.

Resulta muy importante también considerar si el establecimiento se encuentra próximo a lugares donde los sistemas de limpieza sean deficientes y se acumule gran cantidad de desperdicios, como pueden ser mercados de alimentos, fábricas de granos y otros productos, granjas de animales y muelles.

En resumen, debe adquirirse una información lo más completa posible sobre las características de la población de roedores y sus hábitos de consumo, para facilitar así la determinación de las medidas de control más adecuadas para cada restaurante en particular.

Estas inspecciones han de realizarse semanalmente por personal encargado y competente. La identificación de las especies-problema puede llevarse a cabo a partir de diferentes signos que evidencian su presencia, siendo los más importantes los siguientes:

- *Ratas vivas*. Si se observan de día, ello es indicador probable de que son numerosas y han sido forzadas a salir por escasez del alimento.

- *Excrementos*. Los roedores los producen en cuantiosas cantidades y se diferencian de una especie a otra: los de la rata parda son grandes y segmentados (2 cm de largo y 0,63 cm de diámetro en forma de cápsula); los de la rata negra miden hasta 1,5 cm de largo y son fusiformes (con los extremos puntiagudos); y los del ratón, entre 0,3 cm y 0,5 cm en forma de bastón.

© Ediciones Rodio

- *Huellas.* Se pueden observar con facilidad espolvoreando talco sobre sus caminos y en el suelo junto a la pared. Sirven para identificar sobre todo las rutas habituales. Si son grandes se tratará de ratas; si son pequeñas, pueden ser de ratones o ratas jóvenes. También se pueden observar en los suelos las huellas dejadas por la cola, o en las paredes de los cuerpos sucios y aceitosos.

- *Presencia de roeduras recientes.* Las marcas de los dientes son fácilmente visibles en cajas de cartón, maderas, blindajes de cables y tuberías.

- *Materiales mezclados para construir nidos.* Estos pueden ser restos de papel, cabello, cajas raídas e hilos agrupados.

- *Agujeros.* Las ratas pardas sólo anidan en madrigueras usualmente localizadas en la tierra a lo largo de los cimientos. Para conocer si las madrigueras son recientes, se puede tapar las entradas; si al día siguiente estas se destaparon significa que existen ratas.

- *Orín fétido y típico.* Indicará la presencia de roedores y rutas de desplazamiento.

Podemos tomar unas medidas preventivas para evitar una plaga de roedores, que consistirán en:

- Verificar el buen estado de las entradas. Se pueden colocar rejillas antirratas en desagües, sifones y conductos.

- La distancia entre el suelo y las puertas y ventanas, tanto en el interior como en el exterior, será menor a 1 cm o de cierre hermético.

- Proteger todas las aberturas del establecimiento hacia el exterior (puertas, ventanas, compuertas, ductos de ventilación, etc.), con malla o cedazo plástico o metálico. Tener en cuenta que los ratones pueden atravesar una abertura de 12 mm, y las ratas jóvenes, de 14 mm.

- Inspeccionar los alimentos y muebles que ingresan al establecimiento, para asegurarse de que no transportan ninguna plaga.

- Comprobar si a través de los empaques las cajas de cartón o madera no traen roedores.

- Preservar el interior de las cocinas mediante mallas, puertas de cierre hermético y cubriendo techos y ventanas.

- Instalar láminas de metal o de hule en la parte inferior de todas las puertas que dan al exterior del local.

- Colocar trampas permanentes en lugares sospechosos o de difícil acceso. Estos sitios serán enumerados y graficados en un plano general del establecimiento.

- Realizar adecuado control de malezas.

- Si existen espacios entre la pared y el techo, se resguardarán con cedazo (plástico o metálico) o con espuma de poliuretano.

Para impedir que los roedores obtengan alimentos debemos:

– Mantener bien cerrados los recipientes de comida y de otros productos.

– Limpiar inmediatamente todas las suciedades.

– En el almacén, dejar un espacio de 35 cm de ancho entre paredes y filas de productos; cuidar de que no queden destapados los recipientes o sacos de alimentos.

– Guardar los ingredientes comestibles en un cuarto que puede construir-se con cualquier material resistente a los dientes de los roedores, por ejemplo, 0,15 pulgadas de tela metálica; la parte baja debe ser protegida contra daño mecánico.

– Asegurarse de que las instalaciones de manipulación de alimentos y las zonas de almacenamiento se mantengan limpias, ordenadas y se desin-fectan regularmente. Debe ponerse gran interés en una buena higiene de los utensilios, muebles y lugares; así como en una preservación correcta de los alimentos, utilizando envases apropiados y una adecuada ubica-ción de los desperdicios.

– Todos los basureros se taparán debidamente y se colocarán en un sitio con suelo movible, de modo que este se pueda lavar.

Para reducir las áreas de infestación:

– Evitar que los animales-plaga puedan disponer de lugares de refugio y anidación como huecos, ranuras, agujeros, grietas, etc., en las paredes o el suelo, y no acumular materiales, equipos u objetos fuera de uso, en el interior o exterior del establecimiento.

– Construir apropiadamente la edificación y llevar un control del manteni-miento general de esta en cuanto a condiciones higiénicas de las instala-ciones y correcta disposición de los residuos y basura.

– Eliminar las esquinas oscuras, paredes y techos falsos; mantener el equi-po alejado de paredes y procurar que exista cierta distancia entre este y el suelo para facilitar la inspección.

Medidas correctivas para el control de roedores

Las medidas correctivas para el control de roedores se establecen a partir de la identificación de las áreas-problema dentro del restaurante (mejores espacios en las instalaciones para ubicar los cebaderos o trampas con el cebo raticida).

Estos sitios deben señalarse en un diagrama o plano general del estableci-miento, donde deben incluirse también aquellos lugares en los que hay riesgo de penetración a otras áreas.

© Ediciones Rodio

Es esencial para la eficacia del PCR inspeccionar regularmente las medidas correctivas aplicadas –como el estado de los cebos y comederos–, y que todas las actividades y resultados se registren en formatos que constituyan parte del programa.

Luego de iniciado el PCR deben realizarse inspecciones para detectar cadáveres e incinerarlos dentro de un cilindro de lata, en una zona apartada del local. Estas medidas deben complementarse, si las condiciones lo permiten, con una fumigación dirigida a eliminar las pulgas y parásitos diseminados por las ratas.

Las medidas correctivas o de control directo implican tener un conocimiento básico de los siguientes puntos:

Los cebaderos

El uso de rodenticidas es más eficaz cuando estos se colocan en el interior de pequeñas construcciones denominadas comederos, cebaderos o estaciones raticidas. Esto induce a los roedores a alimentarse dentro de un refugio seguro; el cebo se protege del ambiente y conserva sus características por mayor tiempo; proporciona facilidad para recoger los residuos y llevar un control de consumos, al colocarse en sitios más activos. Dichas construcciones pueden fabricarse de cajas de cartón, madera o plástico; trozos de tubo, tejas, tablas o ladrillos inmovilizados, de modo que sólo los roedores tengan acceso al cebo. Se sitúan a lo largo del perímetro exterior de la instalación (cocina, almacenes, etc.) para evitar la entrada de roedores de áreas colindantes.

Se ubicarán los cebaderos en el suelo y zonas de mayor frecuencia de paso, si se trata de rata parda de alcantarilla o ratón, y en techos y partes altas en el caso de la rata negra.

Selección del cebo

La selección del cebo es importante porque las preferencias de los roedores por la comida varía con el tiempo, la localidad, los alimentos probados en el restaurante y las especies. Algunos cebos favoritos son: nueces, jamón, carne cruda, pan de pasas, granos, frutas y pescados.

Las pruebas con los cebos, antes de usar rodenticidas son un buen medio para conocer las preferencias de los roedores. Se pueden colocar diversas clases de cebo para revisarlos durante días y determinar cuál o cuáles son los más consumidos. El cebo envenenado debe ponerse a lo largo de los lugares de paso, cerca de los refugios y en otros sitios frecuentados por los roedores.

Para la elaboración, manejo y aplicación de los cebos es necesario leer bien todas las instrucciones de las etiquetas y panfletos, solicitar asesoría sobre términos técnicos y usar equipo de protección para ojos, manos y cuerpo.

Los cebos y los venenos (ingrediente activo del rodenticida) deben ser cambiados de tiempo en tiempo, pues los roedores pueden aprender a identificarlos y rehusarlos, o desarrollar tolerancia a estos productos. Para tales casos es aconsejable contactar los servicios de los especialistas o empresas fabricantes, los cuales brindan, como parte de sus programas de ventas, la demostración sobre el uso correcto de los productos.

Nunca:

– Tocar los cebos directamente con las manos (utilizar guantes desechables), porque los roedores diferencian el olor de las personas.

– Colocar el cebo en lugares donde puedan ser confundidos con los alimentos, equipos o recipientes.

– Hacer aplicaciones en forma indiscriminada.

Trampas

Las trampas se emplean para capturar o aniquilar ratas y ratones donde el uso de rodenticidas no es aplicable, o complementariamente a estos. Por ello deben ser también registradas y verificadas, principalmente cuando el animal muere y existe el riesgo de contaminación de los alrededores por los parásitos y pulgas que normalmente lo acompañan; es imprescindible entonces la limpieza y desinfección inmediatas.

Las trampas tienen poco valor en el control cuando los roedores son muchos; pero son útiles para animales aislados, pequeños grupos y como prevención en áreas próximas al ingreso o alejadas de las zonas principales de riesgo.

Los rodenticidas

Dentro de los rodenticidas consideraremos especialmente a los raticidas, de efecto también en roedores menores.

Los raticidas están constituidos básicamente por dos tipos de sustancias: una denominada ingrediente activo o veneno (causante del efecto letal en la plaga), y componentes que colaboran en su preservación y aplicación.

© Ediciones Rodio

La mayoría de los venenos actuales son de segunda y tercera generación, es decir, de desarrollo muy reciente; de manera que es muy pronto para que las ratas hayan generado resistencia a los mismos.

Existe una gran variedad de productos, algunos requieren ser consumidos más de una vez en cierta cantidad mínima para producir efecto letal; otros causan la muerte con sólo ser ingeridos en un pequeño bocado. Para la selección adecuada de los productos es recomendable la asesoría especializada, pues depende no sólo del grado de infestación, sino incluso de la infraestructura del establecimiento.

Por ejemplo, la formulación tipo polvo se emplea como polvo de rastreo y el roedor lo consume directamente al limpiar su pelaje; además, puede utilizarse en la preparación de alimentos cebo. La forma en líquido se aplica en sitios donde escasea el agua (sobre todo las ratas deben tomar cada día al menos 15 ml de agua) y es el complemento ideal en el interior de los comederos.

Si hay posibilidades de un consumo accidental del rodenticida por niños u otras personas, entonces debe verificarse que el producto tenga en su composición la sustancia llamada bitrex, de sabor extremadamente amargo que inhibe la ingestión.

Rodenticidas anticoagulantes

Los rodenticidas anticoagulantes son los más recomendados porque el roedor que los consume muere en un plazo de tres a siete días, dependiendo de la dosis ingerida y del veneno (ingrediente activo). El mecanismo de acción es el siguiente: en el interior de los roedores, como en cualquier ser vivo de sangre caliente, se producen usualmente heridas de un tamaño muy pequeño, en pulmones, riñones, etc. El organismo normalmente tiene la capacidad de cerrarlas, formando inicialmente redecillas que van atrapando los coágulos de la sangre hasta sellar esas lesiones. Cuando se ingiere este tipo de rodenticidas, el anticoagulante impide la coagulación de las heridas, por lo cual el roedor se desangra interiormente pero sin sufrimiento.

Una ventaja adicional de este tipo de rodenticidas es que el antídoto resulta conocido y comercial: la vitamina K_1 (konakión u otros).

Cualquier producto debe contar con las características referidas, además de ser aprobada por sanidad su circulación en el mercado y provenir de un proveedor garantizado.

De estos productos podemos citar como cualidades generales deseables, que sean específicos para roedores, insípidos e inodoros; que puedan ser finalmente divididos, fáciles de mezclar con cualquier cebo y efectivos en pequeñas dosis.

¡Recuerda! ＞＞

– Los roedores no solo contaminan con excrementos, pelos, también roen los materiales poniendo en peligro la seguridad de un establecimiento.

– Es muy importante evitar posibles refugios o escondites. Debemos sellar huecos y lugares donde puedan alojarse.

– Para evitar roedores debemos seguir unas medidas preventivas (colocar rejillas, revisar la mercadería de los proveedores…).

– También debemos evitar que obtengan alimento (cerrando los recipientes con comida, limpiando suciedades…).

– Para eliminar los roedores usaremos cebaderos o trampas (con veneno).

– Nunca debemos tocar las trampas con las manos ni ponerlas donde se puedan confundir con alimentos.

＞＞＞

11.2. Programa de control de cucarachas

A) Características de interés de las cucarachas

Los insectos buscan el calor, la humedad y la oscuridad. Una vez que invaden el establecimiento, pueden ser más evasivos que los roedores o los pájaros.

Sin embargo, no son invisibles, pues dejan rastros en el polvo y pueden también ser descubiertos alrededor de sus nidos: agujeros, lugares húmedos, detrás de cajas, en las costuras de bolsas y en pliegues del papel utilizado para empaquetar.

 © Ediciones Rodio

Como los roedores, algunos insectos, principalmente las cucarachas, poseen un elevado instinto de supervivencia y son muy adaptables. En pocas generaciones pueden desarrollar inmunidad a los venenos suministrados; son aún más prolíficos que los roedores y con sus patas esparcen la suciedad, desperdicios y bacterias. Transportan, ya sea dentro o fuera de su cuerpo, las causantes de muchos padecimientos graves como la fiebre tifoidea, lepra, peste bubónica, parálisis infantil, disentería, tifus, diarrea y una gran cantidad de enfermedades infecciosas, como la gastroenteritis y la intoxicación por alimentos. A la par, sus heces son transmisoras de sustancias que originan serios daños a la salud.

Dados sus conocidos hábitos de consumo y sus insalubres hábitats, la presencia de insectos resulta además muy perjudicial para el buen nombre del restaurante.

En tal sentido, la aplicación correcta del plan de control de insectos (PCC) debe garantizar que no haya en el establecimiento condiciones favorables para la existencia de este tipo de plagas peligrosas para la salud de los comensales. La práctica del PCC constituye una herramienta que permite prevenir situaciones especialmente desagradables.

Para medir el grado de infestación se deben realizar inspecciones nocturnas dentro del restaurante empleando una linterna, particularmente en las áreas de menor tránsito o en las que se sospeche estén invadidas por cucarachas. Puede ser útil disponer adicionalmente de un espejo con mango (tipo dentista), para revisar zonas de difícil acceso como los alrededores de tuberías de agua y desagüe, drenajes, conductos de electricidad y rajaduras en las paredes.

Estas inspecciones tienen por objetivo:

- Determinar qué condiciones ambientales, equipos y hábitos en la manipulación de los alimentos pueden estar favoreciendo la proliferación de cucarachas.

- Identificar cuál o cuáles son las especies-problema, grado de infestación de cada área y el tiempo de permanencia en estos refugios.

- Detectar las zonas, materiales y equipos que propicien la invasión, así como las rutas utilizadas o que podrían emplear para penetrar y desplazarse por el restaurante.

- Observar qué tipos de alimentos están consumiendo y prefieren.

En síntesis, se trata de obtener la información más completa posible sobre las características de dicha población y las dificultades que pueden presentarse en su control. Ello ayudará a decidir cuáles serán las medidas correctivas más apropiadas.

Son signos de infestación:

- Especímenes vivos o muertos.

- Olor aceitoso fuerte, acompañado de un olor a moho cuando hay una fuerte infestación.

- Heces en forma de granos grandes de pimienta.

- Bolitas de secreciones y excrementos, las cuales miden de 1 mm a 2 mm de ancho y son de diferentes longitudes.

- Bolsas de huevos: pequeñas esferas segmentadas de coloración oscura y de 5 mm a 8 mm de largo, de superficie tersa y brillante.

- Tegumentos de ninfas ya vacíos, pelos o fragmentos de insectos.

Para evaluar el grado de infestación puede tomarse en cuenta una medida sobre la base del promedio de cucarachas por trampa cada noche en las instalaciones (no en su hábitat).

- 0-5: Bajo.

- 5-20: Moderado.

- 20-100: Alto.

- 100 a más: Extremadamente alto.

B) Medidas preventivas para el control de cucarachas

Para impedir el acceso a las instalaciones:

- Colocar mallas en las entradas y los espacios entre las puertas y suelos.

- Proteger el interior de las cocinas colocando también mallas, fácilmente lavables, en ventanas y puertas; y verificar su buen estado de conservación.

- No introducir al local depósitos de basura u otros que pudieran contener estas plagas.

- Asegurarse de que todas las instalaciones de cañerías, cables, etc., que penetran en el restaurante se hallen completamente selladas.

- Inspeccionar los alimentos que llegan al restaurante para asegurarse de que no transporten ninguna plaga.

Para evitar la obtención de alimentos:

- Mantener bien cerrados los recipientes de comida y otros productos.

- Limpiar todas las suciedades inmediatamente.

- Aplicar buenas prácticas de almacenamiento en las bodegas de alimentos.

- Asegurarse de que las instalaciones de manipulación de alimentos y las zonas de almacenamiento permanezcan limpias, ordenadas y que sean desinfectadas regularmente. Debe ponerse particular interés en una buena higiene de los utensilios, muebles y sitios; una protección adecuada de los alimentos (utilizando envases apropiados); y una correcta disposición de los desperdicios.

- Recoger lo antes posible los alimentos derramados sobre el suelo.

© Ediciones Rodio

- Todos los basureros se taparán adecuadamente y se colocarán en un lugar con suelo movible, de modo que se puedan lavar.

- Atacar la proliferación de cualquier otra plaga que sirva de alimento a las cucarachas (hormigas, entre otras).

Para reducir las áreas de infestación:

- Evitar que estos insectos puedan disponer de lugares de refugio y anidación (huecos, ranuras, agujeros, grietas, etc., en las paredes o el suelo); y también la acumulación de materiales, equipos u objetos en desuso, en el interior o exterior del establecimiento.

- Para imposibilitar que las plagas encuentren refugio, deben mantenerse todas las áreas y servicios higiénicos convenientemente limpios y ordenados.

- Asegurarse de que las zonas circundantes a la cocina estén en buen estado y sean limpiadas regularmente.

C) Medidas correctivas para el control de cucarachas

A partir de los resultados de las inspecciones se puede determinar cuáles son las áreas, equipos y utensilios-problema que requieren mayores cuidados en su limpieza o en la eliminación de los residuos. Asimismo, se obtiene información sobre las instalaciones apropiadas para ubicar los cebos o trampas; qué equipos necesitan protección por encontrarse frecuentemente abiertos; y dónde aplicar los insecticidas o cualquier otra medida correctiva.

Las inspecciones periódicas son necesarias en un PCC, y principalmente el registro detallado de los resultados de las aplicaciones de insecticidas, porque una primera colonia puede crecer, desarrollarse rápidamente y lograr transmitir a sus descendientes habilidades para identificar ciertos insecticidas y eludirlos. Entonces se precisan estrategias diferentes para unos cuantos especímenes bien localizados.

Las medidas correctivas que requieran movimientos vibratorios y de aire, a los cuales las cucarachas de cocina reaccionan sensiblemente, se llevarán a cabo por las noches, entre 2 y 5 horas después de terminadas las labores. Pero esto no siempre es necesario, como en el caso de las fumigaciones. Dado que algunas especies también pueden trepar, deberán incluirse en la aplicación de tales medidas tanto las paredes como el suelo.

El diseño de las medidas correctivas exige conocer sobre los siguientes puntos:

Insecticidas

Los venenos para cucarachas, como los plaguicidas en general, son sustancias muy tóxicas y deben considerarse en todo caso como venenos.

En particular, los insecticidas son normalmente bastante efectivos tanto para insectos voladores como para no voladores, pero en algunos casos se requieren productos de alta especificidad.

Es importante que las personas encargadas de las aplicaciones entiendan cabalmente las instrucciones de uso y seguridad, contenidas en las etiquetas y en material informativo de los productos; y que los empaques de estos se encuentren en perfecto estado de conservación. Se aconseja, además, que dichos productos sean adquiridos en centros de venta que ofrezcan garantía de calidad.

El método más común para su aplicación es rociarlos por aspersión en todas las ranuras y grietas al nivel del suelo, en la base de los equipos y muebles que descansen sobre el suelo y en cualquier otra área donde estas plagas puedan vivir.

Los insecticidas que generalmente se emplean son del tipo residual, o sea, aquellos que ejercen su efecto posteriormente a la aplicación (por ello no deben limpiarse inmediatamente). Los operadores deben conocer los cuidados que deben tomarse durante la aplicación y luego de esta. Dichas sustancias no pueden rociarse encima de equipos, materias primas o material de empaque para los alimentos. Otros insecticidas eliminan al insecto por contacto, interrumpiendo la transmisión eléctrica de sus impulsos nerviosos y provocando a la vez un efecto expulsor que permite visualizar las cucarachas moribundas.

No se debe echar insecticidas en grietas pequeñas donde existe acumulación de grasa, porque se reduce sensiblemente su eficacia. Tampoco es conveniente la aplicación indiscriminada, pues las cucarachas rechazan durante varios días esas zonas donde permanecen frescos los desinfectantes e insecticidas. Es decir, la limpieza rigurosa tiene su momento adecuado, en general después de haber realizado fumigaciones y recogido los insectos muertos, pero no antes.

Existen actualmente al menos cuatro tipos de cucarachicidas en nuestro mercado: los piretroides, los fosforados, los geles tipo cebos y los que actúan deteriorando el exoesqueleto protector de quitina.

Insecticidas piretroides y fosforados (organofosfatos)

Los piretroides de uso industrial (como se exige para restaurantes) son considerados de baja toxicidad en comparación con los fosforados; pueden aplicarse con frecuencia, y pocas horas después de ello se pueden retomar las labores en el área tratada. En cambio, los del tipo fosforados, dada su mayor toxicidad, son de efecto rápido sobre la gran mayoría de insectos; pero por eso mismo deben aplicarse tan sólo cuando la gravedad de las infestaciones lo requiera.

Usualmente encontramos en el mercado productos cuya composición es una combinación de varios ingredientes activos (venenos) de naturalezas piretroide y fosforada, los cuales además van acompañados de sustancias sinergizantes que mejoran sus propiedades originales.

© Ediciones Rodio

La estrategia de control recomendada es la de aplicar productos de base piretroide como cuidando de variar en cada aplicación el principio activo (veneno). Esto último no significa necesariamente un cambio de marca, lo esencial es que varíe el ingrediente activo. De este modo el insecto tendrá menos oportunidades de desarrollar información sobre el veneno y sobrevivir. Es suficiente alternar entre tres o cuatro productos.

En general, el uso de productos fosforados debe restringirse a situaciones en que la anterior estrategia no haya funcionado. A menos que se posea experiencia en su uso, debe recurrirse a la asesoría de un profesional para una eficaz aplicación, con el fin de retornar a la estrategia basada en insecticidas piretroides.

Vale tener en cuenta que este tipo de plaga está conformada por poblaciones de insectos adultos, ninfas en distintos estadios de crecimiento, en proceso o no de mudar de cubierta protectora, y huevos protegidos. Por esto es necesario realizar aplicaciones con una frecuencia mayor a la que suelen exigir las municipalidades (una vez cada seis meses).

Cebos tipo geles

Los cebos tipo geles resultan atractivos para las cucarachas y se pueden aplicar en cualquier área de manera muy cómoda, sin interrumpir las labores. El gel no es un repelente y es prácticamente no tóxico. Después de su consumo las cucarachas no mueren instantáneamente, lo cual les permite regresar a sus refugios, donde transmiten el veneno al resto de la población. El tratamiento puede tomar algunas semanas, dependiendo de la severidad de la infestación en el local, y resulta más eficaz que otros productos.

Productos que deterioran la cubierta protectora del insecto

Dentro del grupo de los insecticidas de última generación, se hallan los que interfieren en el crecimiento y desarrollo de los insectos, como los que deterioran la cubierta protectora de estos. Se basan en componentes que en vez de actuar sobre el sistema nervioso, obstaculizan el proceso de síntesis de quitina, la sustancia que proporciona dureza a las cubiertas de los insectos. Como estos, para crecer y llegar a adultos, necesitan mudar varias veces esa cubierta, en la siguiente transformación quedarán totalmente desprotegidos y morirán.

Fumigantes

Cualquier insecto que subsista después de la limpieza debe ser eliminado por fumigación o algún tratamiento de insecticidas. Como prevención, el restaurante en general deberá ser fumigado como mínimo dos veces al año. La frecuencia de esta práctica deberá determinarse según el tipo y grado de infestación, entre otros factores.

Adicionalmente, se pueden realizar fumigaciones por aspersión o spray de insecticidas piretroides, efectuando rotación de los ingredientes activos en cada mes. Este trabajo debe ser ejecutado sólo por personal competente y entrenado en ello, el cual contará obligatoriamente con uniforme adecuado que incluya protector de ojos, mascarilla, mochila de aspersión, botas y guantes.

Se debe dejar que el insecticida actúe al menos toda una noche, y se aplicará en los techos, esquinas, debajo y detrás del mobiliario y del equipo. Antes de iniciar esta tarea se resguardarán los insumos, equipos y utensilios cuidadosamente con plásticos, los que serán desechados una vez finalizada la actividad.

Después de la fumigación se deberá lavar todo el equipo y los suelos antes de comenzar la preparación de alimentos.

El uniforme ha de permanecer en un lugar ventilado antes de guardarse, para que se eliminen parcialmente los productos tóxicos.

¡Recuerda! 》》

– Los insectos buscan el calor, humedad y oscuridad. Si dejamos que una plaga se instale en nuestro local, será difícil eliminarla.

– Además de las posibles enfermedades que pueden causar, una plaga de insectos resulta perjudicial para el buen nombre de nuestro establecimiento.

– Al igual que con los roedores, también existen medidas para impedir el acceso, la obtención de alimentos y la eliminación de refugios para los insectos.

– Para eliminar insectos podemos ayudarnos de insecticidas, cebos, fumigantes…

》》

11.3. Programa de control de moscas

A) Características de interés de la mosca doméstica

Las moscas se encuentran prácticamente en todas partes del mundo, principalmente en zonas secas y temperadas. Son insectos de hábitos diurnos cuya mayor actividad ocurre a las horas de mayor temperatura. Acostumbran posarse y reposar durante la noche en los bordes de las puertas, ventanas, etc.

© Ediciones Rodio

Las moscas adultas se alimentan de diferentes tipos de vegetales y materia orgánica de origen animal, pero también de exudados y heces. Se las puede encontrar en cuatro estadios de su desarrollo: huevo, larva, pupa y adulta. Ponen cientos de huevos en materia orgánica en descomposición, donde viven las larvas durante todo su desarrollo. Son portadoras de múltiples gérmenes de diversas enfermedades, las cuales transmiten al hombre y a otros animales, como disentería, tifus, cólera y salmonelosis.

B) Medidas preventivas para el control de la mosca doméstica

Para impedir el acceso a las instalaciones:

- Colocar mallas en las entradas así como trampas eléctricas de luz UV cerca de los ingresos, en las partes altas, de manera disimulada para los clientes.

- Inspeccionar los alimentos y cualquier artículo (como contenedores de basura) que lleguen al establecimiento, para cerciorarse de que no transportan ninguna plaga.

- Resguardar el interior de las cocinas con mallas en ventanas y puertas.

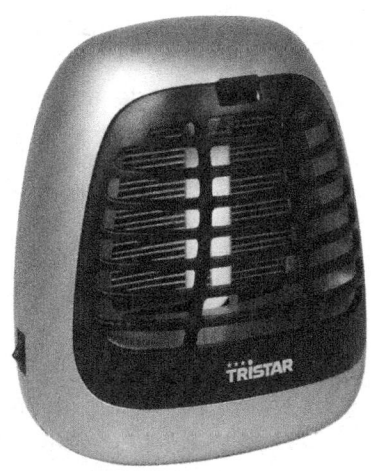

© Ediciones Rodio

Para evitar la obtención de alimentos:

- Mantener bien cerrados los recipientes de alimentos y otros productos.
- Limpiar todas las suciedades inmediatamente, incluida la suciedad húmeda.
- Aplicar buenas prácticas de almacenamiento en las bodegas de alimentos.
- Asegurarse de que las instalaciones de manipulación de alimentos y las zonas de almacenamiento se mantengan limpias, ordenadas y se desinfecten regularmente.
- Velar particularmente por la buena higiene de los utensilios, muebles y lugares; la protección adecuada de los alimentos (utilizando envases apropiados), y la correcta disposición de los desperdicios.
- Recoger lo antes posible los alimentos derramados sobre el suelo.
- Lavar todos los utensilios, vajillas, cubiertos, etc., inmediatamente después de su utilización.
- Eliminar los restos de alimentos que pudieran haber sobre utensilios, equipos, ropas o zapatos.
- Los empleados deben cuidar esmeradamente su aseo personal.
- Todos los basureros se taparán adecuadamente y situarán en un lugar con suelo movible, de manera que se puedan lavar.
- Evitar la acumulación de polvo y suciedad en los muebles, así como la permanencia de trapos sucios y húmedos expuestos al ambiente.

Para reducir las áreas de infestación:

- Aplicar correctas prácticas de manipulación y eliminación de los desperdicios, basurales cercanos y desmontes.
- Para que las plagas no encuentren refugio, se mantendrán todas las áreas y servicios higiénicos adecuadamente limpios y ordenados.

C) Medidas correctivas para el control de la mosca doméstica

Las medidas correctivas para el control de la mosca doméstica se inician a partir de la información de cuáles son las zonas y superficies-problema que no reciben higienización suficiente y rápida, y cuáles son los puntos donde se pueden instalar dispositivos de control que pasen desapercibidos para el público. Se emplean mucho las trampas eléctricas de luz UV, sobre las cuales no existe ninguna contraindicación. Estas deben limpiarse continuamente para prevenir que las moscas muertas sean aprovechadas como alimentos por otros insectos, los cuales pueden a su vez convertirse en plagas.

Tales medidas, y otras que no implican el uso de sustancias tóxicas para el hombre, son útiles en situaciones de infestación baja a moderada. Cuando las infestaciones son elevadas se hace necesario recurrir a insecticidas o fumigaciones.

© Ediciones Rodio

Es importante registrar con detalle los efectos de ciertos insecticidas sobre las poblaciones de moscas o mosquitos.

Las medidas correctivas que se pueden practicar para el control de la mosca doméstica son, en general, similares a las aplicadas contra cucarachas. Pueden tener un mayor efecto positivo las de higienización de los ambientes, equipos y utensilios, en comparación con las empleadas en otras plagas.

Existen productos de amplia cobertura que aniquilan varios tipos de insectos en cada aplicación, pero se tiende a utilizarlos para toda situación y en exceso, facilitándose así la formación de resistencias en otros insectos. Debe tratarse de sustituir gradualmente este tipo de productos químicos, para hacer más eficientes las medidas preventivas y las de limpieza y desinfección.

¡Recuerda!

– Las moscas son portadoras de numerosas enfermedades.

– Debemos impedir el acceso, obtención de alimentos y reducir las ventajas para que se desarrollen.

– Para eliminarlas, lo más corriente es el uso de luz UV (habréis visto alguna vez una rejilla con luz azul en algún local). También se pueden utilizar insecticidas o fumigaciones.

11.4. Servicios especializados en terceros

En caso de salirse de control una situación, la administración del restaurante ha de acudir a profesionales de una empresa especializada en los servicios que requiera.

Todos los tratamientos, sean mediante el uso de insecticidas o de rodenticidas, quedarán igualmente sujetos a las prescripciones del fabricante y se realizarán con las dosis y condiciones ambientales recomendadas por este.

Los servicios y empresas dedicadas a actividades de desinsectación y desratización deberán expedir un documento que acredite el tratamiento efectuado, en el cual, como mínimo, se especificará lo siguiente:

– Métodos y productos utilizados.

– Nombre comercial, formulación y dosis.

– Fecha de realización del tratamiento.

– Datos de la empresa o servicio.

12. Verificación del programa de control de plagas

Verificación diaria no registrada

- *Responsable:* personal encargado del PCP.
- *Objetivo:* incidir directamente sobre el personal responsable del cumplimiento del programa.
- *Frecuencia:* durante la preparación de los alimentos.
- *Procedimiento:* los responsables realizarán una inspección visual y rápida de las áreas y equipos identificados como críticos.

Si se encontrase alguna falta o incumplimiento del programa, se tomarán in situ medidas correctivas necesarias y se sancionará al personal responsable.

© Ediciones Rodio

Diccionario

Para tener un poco más claro todo lo que estamos hablando o para hacer un recordatorio, vamos a establecer un pequeño diccionario. Más adelante incluiremos otro con términos de cocina y técnicas:

- **Agua potable:** Agua sin riesgo para el consumo humano.

- **Alimento o bebida:** Cualquier sustancia o mezcla de sustancias destinadas al consumo humano, incluyendo las bebidas alcohólicas.

- **Alimento de alto riesgo:** Todo alimento que por su composición, forma de preparación y forma de consumo puede contener microorganismos patógenos dañinos para la salud de los consumidores. Ej.: salpicón de mariscos, ensalada de frutas, etc.

- **Alimento inocuo:** Alimento que no causa daño a la salud del consumidor.

- **Buenas Prácticas de Manipulación (BPM):** Conjunto de prácticas adecuadas cuya observancia asegurará la calidad sanitaria e inocuidad de los alimentos y bebidas.

- **Calidad Sanitaria:** Conjunto de requisitos microbiológicos, físico-químicos y organolépticos que debe reunir un alimento para ser considerado inocuo para el consumo humano.

- **Contaminación:** Presencia en los alimentos de microorganismos, virus y/o parásitos, sustancias extrañas o deletéreas de origen mineral, orgánico o biológico, sustancias radioactivas y/o sustancias tóxicas en cantidades superiores a las permitidas por las normas sanitarias vigentes, o que se presuman nocivas para la salud.

- **Contaminación cruzada:** Presencia de contaminantes en los alimentos provenientes de focos de contaminación que llegan por contacto directo o a través de las manos, superficies, alimentos crudos, por vectores, etc.

- **Desinfección de alimentos:** Reducción del número de microorganismos en los alimentos mediante agentes químicos y/o métodos físicos higiénicamente satisfactorios, a un nivel que no ocasiona daño a la salud del consumidor.

- **División en el tiempo:** Separación de las operaciones en la preparación de los alimentos en tiempos diferentes y secuenciales con el propósito de evitar la contaminación cruzada.

- **HACCP:** Sistema que permite identificar, evaluar y controlar peligros que son importantes para la inocuidad de los alimentos.

- **Limpieza:** Eliminación de tierra, residuos de alimentos, polvo, grasa u otra materia objetable.

- **Manipulador de alimentos:** Persona que está en contacto con los alimentos mediante sus manos, cualquier equipo o utensilio que emplea para manipularlos, en cualquier etapa de la cadena alimentaria del restaurante, desde la adquisición de alimentos hasta el servicio a la mesa del consumidor.

- **Materia Prima:** Insumo que se emplea en la preparación de alimentos y bebidas.

- **Prevención:** Impedir la contaminación alimentaria controlando los factores que la favorecen.

- **A la carta:** Modalidad en la cual el servicio que se ofrece está escrito en un listado, y las preparaciones se efectúan al momento o se encuentran parcialmente preparadas.

- **Menú:** Modalidad que tiene varias opciones de refrigerio completo, las cuales se preparan en grandes cantidades y se sirven en un horario de atención definido.

- **Autoservicio:** Modalidad que permite al comensal servirse los alimentos por sí mismo, los cuales se encuentran en una mesa de uso común (buffet). También se considera Autoservicio al servido por parte de un manipulador ubicado detrás del mostrador y que sirve las raciones según la elección del comensal.

- **A domicilio:** Modalidad de servicio que transporta las preparaciones directamente hacia los consumidores.

- **Al paso:** Modalidad por la cual el servido de los alimentos es para consumo en el lugar o para llevar, y a veces se consumen directamente en el mostrador.

- **Comida rápida o "Fast Food":** Modalidad que presenta los alimentos con una preparación previa o son recalentados y el consumidor se sirve por sí mismo a la mesa, a sus unidades móviles o los lleva.

- **Plagas:** Insectos, pájaros, roedores y cualesquier otro animal capaz de contaminar directa o indirectamente los alimentos.

  La manera de detectar una plaga es observando si hay excrementos de roedores, larvas, nidos, huellas de pisada, bocados de roedores, huecos de roedores, etc.

  Para las plagas microbióticas existen los métodos de control sanitario que realizan los laboratorios.

  Una buena manera de prevenir una plaga es no acumulando desperdicios, anular los *lugares propios para su escondite, recoger los alimentos*

© Ediciones Rodio

derramados en el suelo, cubrir los recipientes de comida, cerrar puertas y ventanas, limpiar periódicamente el almacén, etc.

- **Programa de Higiene y Saneamiento:** Actividades que contribuyen a la inocuidad de los alimentos, mediante el mantenimiento de las instalaciones físicas del establecimiento en buenas condiciones sanitarias.

- **Servicios afines:** Servicios que preparan y expenden alimentos, tales como cafeterías, pizzerías, confiterías, pastelerías, salones de té, salones de reposterías, salones de comidas al paso, salones de comidas rápidas, fuentes de soda, bares, etc. También se incluyen los servicios de restaurantes y servicios afines de hoteles, clubes y similares.

- **Temperaturas de Seguridad:** Temperaturas que inhiben el crecimiento microbiano o eliminan la presencia de microorganismos en los alimentos. Su rango debe ser: inferiores a 5 °C (refrigeración y congelación) y mayores a 60 °C (hervido, cocción, horneado, etc.). El Principio de la Aplicación de Temperaturas de Seguridad consiste en mantener las comidas frías bien frías y las comidas calientes bien calientes.

- **Vigilancia Sanitaria:** Conjunto de actividades de observación y evaluación que realiza la Autoridad Sanitaria Competente sobre las condiciones sanitarias de los alimentos y bebidas en protección de la salud de los consumidores.

Capítulo 3

Limpieza de instalaciones y equipos propios de las zonas de producción y servicios de alimentos y bebidas

Índice

1. Introducción

2. Protocolo de limpieza y desinfección

3. Manejo higiénico de los alimentos

   3.1. Recepción

   3.2. Almacenamiento

   3.3. Elaboración de platos calientes y fríos

   3.4. Servido

4. Gérmenes

5. Posibles infecciones alimentarias

   5.1. Salmonelosis

   5.2. Intoxicación por estafilococos

   5.3. Botulismo

6. Lavado de loza

7. Técnicas de limpieza

8. Técnicas de desinfección

   8.1. Desinfección con vapor

   8.2. Desinfección con agua caliente

   8.3. Desinfección con sustancias químicas

   8.4. Sustancias desinfectantes más utilizadas

   8.5. Condiciones a tener en cuenta

© Ediciones Rodio

1. Introducción

Hablemos ahora de Limpieza y Desinfección. Dos conceptos de los que no podemos hablar de uno sin hablar del otro.

La limpieza:

La limpieza consiste en eliminar las suciedades visibles o invisibles de un soporte. Las suciedades pueden ser residuos y desechos de fabricación, aportaciones tras circulación de personas o materiales, subproductos de reacción anexos (como la cocción), precipitados cálcicos procedentes del agua si es calcárea (sarro).

Hay que considerar la naturaleza de la superficie (los diferentes metales, los soportes pintados y el tipo de pintura, el azulejo, la loza, el plástico, la vajilla…) y también el tipo de suciedad (azúcar, grasas poco o muy cocidas, zumos de carne). El conocimiento de las composiciones del par que asocia los soportes y las suciedades permitirá elegir el detergente.

Hay numerosos productos que podemos utilizar como detergentes. Hay que descartar los productos domésticos y utilizar siempre un producto reservado al circuito profesional agroalimentario y, por consiguiente, se dispondrá de una ficha técnica.

La desinfección:

La desinfección es la operación o resultado momentáneo que permite eliminar, destruir o inactivar los microorganismos presentes en una superficie inerte, como las paredes de un local o de los equipos.

Los microorganismos necesitan un soporte nutritivo para sobrevivir y proliferar. La vida se debe esencialmente a la protección física que una suciedad aporta a los gérmenes, pero también a otros elementos ambientes.

Más adelante hablaremos extensamente sobre gérmenes y posibles enfermedades que pueden causar.

La proliferación no es posible salvo con presencia de nutrientes. Otras condiciones pueden modificar esta proliferación y supervivencia, como el tiempo, la temperatura, el agua a disposición), la presencia o no de oxígeno, el pH, la salinidad y la proporción de azúcar.

Si se utiliza un producto de limpieza y un producto desinfectante, se deben realizar las operaciones siguientes:

1. La limpieza.
2. Un enjuague.
3. La desinfección.
4. Un aclarado con agua potable.

Si se utiliza un producto que sea a la vez limpiador y desinfectante, debe seguirse el protocolo siguiente:

1. Limpieza/desinfección.
2. Luego aclarado con agua potable.

En este primer esquema se gana tiempo; pero la eficiencia de las diferentes intervenciones es menos segura.

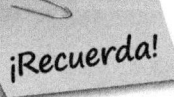

¡Recuerda!

– *Tipo de superficies a limpiar*: no se limpian de igual modo, ni se emplean los mismos productos para limpiar las superficies de madera que las de acero.

– *Tipo de suciedad*: que dependerá de la actividad de la empresa. No se limpia igual la grasa, que la sangre o que los desperdicios ricos en proteínas.

– *Tiempo y frecuencia*: que necesitaré para realizar las actividades de limpieza y desinfección.

– *Metodología*: para llevar a cabo la limpieza.

© Ediciones Rodio

2. Protocolo de limpieza y desinfección

- Indicar quiénes realizan las operaciones de limpieza y desinfección (responsables).
- Describir cómo se limpian y desinfectan, las superficies que tienen un contacto directo con alimentos (líneas de producción, ollas, cortadoras, tablas, etc.).
- Describir cómo se limpian y desinfectan las superficies que no tienen un contacto directo con alimentos (puertas, suelos, paredes, etc.).
- Marcar una periodicidad para todas estas actividades.
- Identificar los productos a emplear en cada una de las superficies.
- Indicar dónde se almacenan los productos de limpieza y desinfección.
- Indicar el método de vigilancia y verificación de la eficacia del protocolo de limpieza y desinfección y los responsables de llevarlas a cabo.
- Registros a documentar para demostrar el correcto cumplimiento de este Plan.

Higiene

Hemos pasado a un nivel superior de exigencias puesto que hablamos ahora de seguridad alimenticia, que se define como un: "concepto que implica que un producto alimentario no cause daños al consumidor cuando se prepara y/o se ingiere según el uso previsto".

Entre estas condiciones pre-requeridas, la limpieza y la desinfección de los locales y materiales ocupan un lugar esencial. Es imposible hablar de higiene sin mencionar la limpieza.

Cuando se efectúa un análisis de los peligros, y se observan las 5 M (Medio, Material, Materia, Mano de obra y Métodos), nos damos inmediatamente cuenta de que el medio, es decir, los locales, los materiales, las indumentarias y, sobre todo, las manos, deben estar perfectamente limpias.

© Ediciones Rodio

Ya hemos hablado de esto, pero vamos a hacer un pequeño resumen para la Normativa en la cocina para la limpieza y desinfección.

1. Habilite un espacio para la recepción de materias primas. Esta debe aislarse de la cocina con puertas abatibles o con cortinas plásticas. Descontamine los alimentos antes de introducirlos en la cocina.

2. Instale mallas en las ventanas y/o en los ductos de ventilación.

3. Ningún elemento debe obstruir el paso del aire.

4. La unión entre suelo y pared, o guarda escoba, debe ser curva y no de 90°, para evitar la acumulación de mugre y facilitar su limpieza.

5. Los equipos, campanas de extracción y mesones en general deben estar hechos de acero inoxidable, para facilitar su limpieza y desinfección y evitar la corrosión.

6. La campana y los desagües deben contar con trampas de grasa que tienen que ser cambiadas periódicamente.

7. Los puntos de unión entre los equipos, las grietas, y en general cualquier espacio donde puedan proliferar comunidades de bacterias patógenas, deben eliminarse. Si esto no es posible se debe hacer una desinfección permanente de estos puntos críticos.

8. El personal de cocina siempre debe vestir uniformes blancos.

9. La zona de entrega de alimentos terminados tiene que estar completamente limpia en todo momento.

10. En el área de refrigeración los alimentos deben estar bien empacados, sellados y con sus respectivas fechas de uso.

11. Los equipos pesados deben instalarse sobre ruedas y conectarse con mangueras largas que permitan movimiento. Esto con el fin de facilitar el mantenimiento de la máquina y la limpieza del espacio que esta ocupa.

12. Utilice la mayor cantidad de elementos posibles con colores que los diferencien según su uso o el tipo de alimento que se manipula (cuchillos, tablas de picar, paños, escobas, traperos, etc.). Ya hemos hablado anteriormente de esto, es aconsejable usar un color distinto de tabla de cortar según su utilidad.

13. Periódicamente contrate los servicios de un control de plagas y pestes. No importa que aparentemente usted no tenga problemas de voladores, como mosquitos; rastreros, como cucarachas; o plagas, como ratas, siempre es recomendable hacer revisiones periódicas para evitar su existencia y desarrollo.

14. En las entradas de la cocina tenga tapetes.

15. En la zona de lavado cuente con agua caliente, jabón, paños y toallas de papel.

© Ediciones Rodio

16. Tenga tablas visibles con las rutinas y métodos de limpieza y desinfección.

17. Guarde los elementos de limpieza lejos de cualquier contacto con alimentos y separados por colores.

18. Las zonas calientes deben estar separadas de las frías.

19. Tenga suficiente dotación: platos, ollas, cubiertos, sartenes, etc., para no utilizarlos constantemente y permitir que haya suficiente tiempo para su limpieza y el reposo.

20. El suelo debe ser blanco y antideslizante.

21. Tenga suficiente luz, mejor blanca.

22. En toda las áreas de la cocina debe haber suficientes estaciones de limpieza y aseo, con jabones anti-bacterias y paños limpios.

Es importante que el preparador de alimentos conozca el concepto de salud, y comprenda que no sólo es un estado de bienestar físico, mental y social, sino que involucra un estado de equilibrio entre el ser humano y el medio ambiente, donde la higiene y la sanidad de los servicios de alimentación desempeñan un papel trascendente en la realización de las actividades diarias.

Las buenas prácticas de manipulación (BPM) representan los procedimientos mínimos exigidos en el mercado nacional e internacional en cuanto a higiene y manipulación de alimentos. Engloban, además, aspectos de diseño de instalaciones, equipos, control de operaciones e higiene del personal.

¡Recuerda!

- Limpieza es eliminar suciedades visibles o invisibles de un soporte.
- Desinfección es eliminar microorganismos de un soporte.
- Higiene es conseguir que un alimento no cause daño al consumidor cuando se prepara.

3. Manejo higiénico de los alimentos

El manejo higiénico de los alimentos implica diversas etapas necesarias durante el proceso de elaboración de estos, en las cuales se aplicarán las buenas prácticas de manipulación. Para ilustrarlo podemos auxiliarnos del siguiente gráfico:

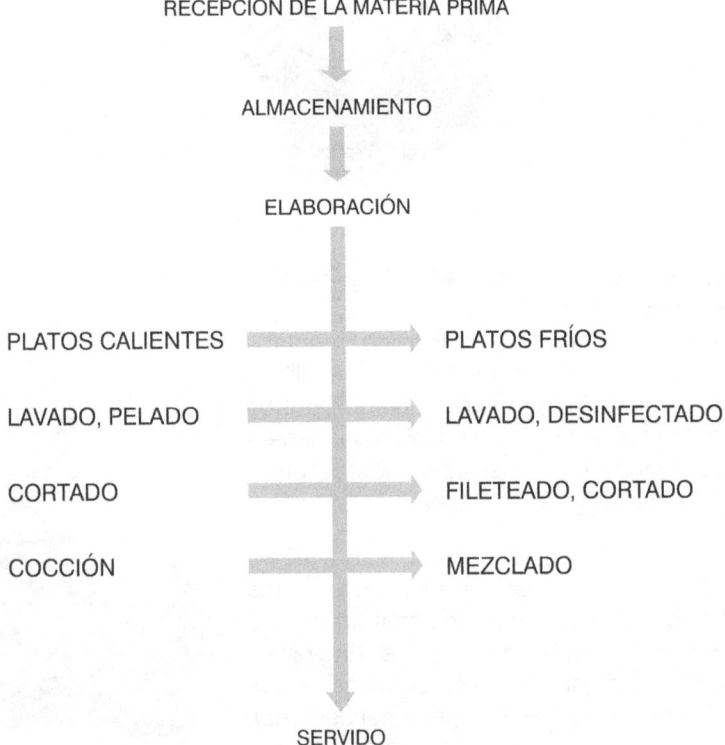

© Ediciones Rodio

3.1. Recepción

Al llegar la materia prima a una cocina es necesario verificar su olor, textura, sabor, color, apariencia general, temperatura, fecha de caducidad y condiciones de empaque.

Las inspecciones a la materia prima deben ser breves pero completas, y ejecutadas por personal capacitado para tal fin.

Se debe exigir que la recepción de la materia prima se realice en las primeras horas de la mañana, así se evitará el calor del mediodía que genera la pronta descomposición de los alimentos, además de evitar la recepción y entrada de clientes a la vez.

No deben depositarse las mercaderías en el suelo, sino en recipientes de conservación específicos para cada alimento. No deben dejarse los alimentos a la intemperie una vez recibidos e inspeccionados. Si los envases de los alimentos enlatados estuvieran deteriorados (rotos, oxidados, abombados, etc.), deben rechazarse inmediatamente. Deben revisarse escrupulosamente las fechas de caducidad y los consejos de utilización.

La materia prima proveniente del lugar de venta deberá cambiarse de envase original (cajas, cartón) y este debe ser eliminado automáticamente, ya que puede introducir agentes contaminantes en el local.

Se desecharán aquellas frutas, hortalizas y tubérculos que presenten daños por golpes; picaduras de insectos, aves, roedores; parásitos; hongos; cualquier sustancia extraña o indicios de fermentación o putrefacción. Se desecharán los pescados y mariscos que presenten signos evidentes de descomposición y putrefacción; olores raros de sustancias químicas (pesticidas, detergentes, combustibles, etc.) o excrementos. Para el transporte de pescados y mariscos desde el centro de venta hasta el restaurante, se recomienda utilizar cubetas de plástico o corcho (ese que utilizamos para que parezca la nieve del portal de Belén) y cubrir con hielo los productos, para evitar maltratarlos y de ese modo conservarlos mejor.

3.2. Almacenamiento

Dependiendo de las características de la materia prima, los almacenes se clasifican en:

A) Almacenamiento de alimentos secos

Debe disponerse de armarios, alacenas o de áreas secas bien ventiladas e iluminadas, para conservas, enlatados y otros productos empaquetados. Se dispondrá de estantes sobre los cuales se deben colocar los materiales (pastas, arroz, etc.), apilándolos de tal modo que entre estos y el techo quede un espacio de 50 cm como mínimo, 15 cm por encima del suelo y separados de las paredes.

Debe respetarse y aplicarse la regla de almacenamiento: la materia prima que ingrese primero será la primera en ser utilizada. Esto tiene por objetivo que el alimento no pierda su frescura o se eche a perder antes de usarlo.

Los alimentos en polvo como por ejemplo la harina, deben almacenarse en recipientes que los protejan de la contaminación, o sea, en un contenedor de plástico con tapa, perfectamente etiquetado e identificado.

Se deberá arreglar metódicamente los productos sin amontonarlos sobre estantes.

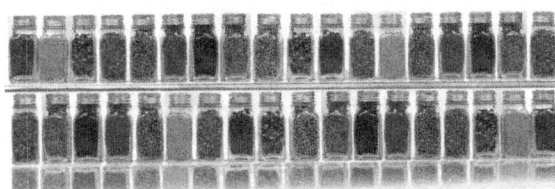

B) Almacenamiento de frutas y hortalizas

Las frutas y hortalizas deberán ser retiradas de su envase original (cajas, cartones, etc.) y ser lavadas antes del almacenamiento.

En el caso de las frutas y verduras, para evitar que se deterioren deben almacenarse a temperaturas de entre 7 °C y 12 °C; las verduras de hojas deben guardarse en la parte media e inferior de la refrigeradora. Hay algunos alimentos que no necesitan guardarse en frío pero sí debemos almacenarlos en ambientes frescos, secos y bien ventilados.

No debe almacenarse materia prima o alimentos en cajas de cartón, bolsas de plástico, etc., ya que estos envases son susceptibles a la humedad y los alimentos se pueden deteriorar.

 © Ediciones Rodio

El tiempo máximo de refrigeración será determinado por el grado de madurez de las verduras, el cual se inspeccionará diariamente. Volvemos a recordar que se registrarán y ordenarán los alimentos de acuerdo con la fecha de llegada, a fin de comenzar utilizando aquellos que fueron adquiridos primero (rotación de productos). Con esto se evita que los productos más antiguos se deterioren.

C) Almacenamiento de pescados y mariscos

Los pescados y mariscos, por su alta dosis de agua y proteínas, son los productos más susceptibles a la descomposición, por lo tanto, deben mantenerse refrigerados entre 0° y 5°, temperatura en la cual se impide la reproducción y formación de toxinas, además de retardarse la descomposición.

Se almacenarán en depósitos plásticos reservados para este uso, con tapa para protegerlos de la contaminación cruzada y olores ajenos al producto. Se debe reducir al máximo el tiempo de permanencia de estos productos en refrigeración, ya que la frescura y sabor va decreciendo con los días.

Debe sacarse del refrigerador únicamente la cantidad necesaria que se usará inmediatamente. En el caso de no contar con refrigeradora o congelador se puede conservar en hielo, pero teniendo en cuenta que este preserva la calidad del producto 48 horas como máximo.

Debe controlarse el buen funcionamiento de la refrigeradora y congelador.

D) Aspectos importantes sobre el almacenamiento en frío

Es importante no sobrecargar la cámara, el refrigerador o la nevera, porque ello reduce la circulación del frío, además, entorpece la limpieza del área.

Los alimentos crudos se deben colocar en la parte baja, y los ya preparados o que no necesiten cocción en la parte superior, para prevenir que los alimentos crudos se escurran y contaminen los alimentos cocidos. No se deben guardar grandes cantidades de alimento, esto eleva la temperatura del refrigerador y pone en riesgo al resto de los alimentos.

Cubra todos los productos depositados en la cámara fría.

3.3. Elaboración de platos calientes y fríos

A) Lavado

Todos los vegetales, incluyendo ajos y cebollas, deben ser lavados cuidadosamente, sea cual sea el uso que se les dé. Para el lavado se debe usar agua potable y esponja, e ir realizándolo una por una cuando sean piezas individuales como zanahorias, papas, limones y similares; en manojos pequeños, cuando se trate de culantro, perejil, etc., para eliminar tierra y mugre visibles; las lechugas se lavarán hoja por hoja.

Los pescados enteros deben lavarse bajo chorros de agua antes de proceder al eviscerado y fileteado.

Los mariscos con caparazón serán escobillados para facilitar el retiro de arena, parásitos y algas, etc. Luego se retirará su contenido intestinal.

B) Desinfección

En el caso de la elaboración de alimentos que serán consumidos sin una cocción previa, es indispensable desinfectar la materia prima para reducir la carga microbiana presente, y así evitar posibles enfermedades gastrointestinales.

Pasos a seguir para una correcta desinfección:

Verduras

Medir 10 gotas de cloro por cada litro de agua, mezclarlo bien y luego agregar las verduras deshojadas, previo lavado con chorros de agua potable. Dejarlas reposar en el agua clorada por 15 minutos como mínimo. Protegerlas de cualquier contaminación posterior y enjuagar con agua potable.

Pescados

Medir de 8 a 10 gotas de cloro por cada litro de agua, mezclarlo bien y después añadir los filetes, preferentemente los que se consumirán sin ser cocinados. Dejarlos reposar en el agua clorada por 5 minutos como máximo, protegidos de cualquier contaminación posterior. Enjuagar con agua potable.

C) Pelado, cortado

Deben emplearse utensilios (cuchillo, tabla de picar, etc.) exclusivos para esta actividad, para evitar la contaminación cruzada.

© Ediciones Rodio

Nunca deben pelarse los tubérculos y hortalizas sobre su tabla de cortar. Debe lavarse cuidadosamente el sitio de trabajo después del pelado de las verduras, y particularmente luego de limpiar los pescados y mariscos. Se deben eliminar inmediatamente los restos, pieles, etc., y echarlos dentro de recipientes herméticos (cubos de basura con tapadera). Después de esta actividad los alimentos manipulados deberán ser lavados.

No emplear los mismos utensilios para cortar alimentos crudos y luego los cocidos, ya que estos últimos se contaminarían con los microorganismos provenientes de aquellos. La limpieza y pelado de verduras, pescados y mariscos debe realizarse en lugares separados, si fuera posible.

Descongelado

Nunca debe descongelarse a temperatura ambiente ni en agua tibia. Por ningún motivo debe congelarse nuevamente un producto que ha sido descongelado. Nunca debe cocinarse un trozo de carne congelada, puede parecer exteriormente cocido y estar crudo en el centro.

D) Cocinado

Los utensilios usados deberán estar debidamente lavados y desinfectados. Las temperaturas y tiempo de cocción en sus diferentes modalidades (asado, frito o hervido) deben ser suficientes para cocer por completo los alimentos y asegurar la eliminación de todos los microorganismos.

Se tendrá especial cuidado con los trozos grandes, el centro debe estar bien cocido (a una temperatura de 100 °C han hervido o se han cocinado), para garantizar la destrucción de salmonella y otros patógenos.

Si los platos cocinados no han sido sometidos a un enfriamiento rápido (colocar el alimento en recipientes poco profundos y enfriarlos en agua con hielo para luego someterlos a refrigeración o bajarles la temperatura en un abatidor de temperatura), deben desecharse luego de 24 horas de conservación.

En el caso de frituras, la grasa y aceites que se usen para freír deben renovarse cuando se observa evidente cambio de color, sabor u olor. Si freímos a mayor temperatura de 180º, el aceite pierde su vitamina E y sus propiedades beneficiosas. Nunca se reutilizará el aceite que haya quedado del día anterior.

Mientras se están cocinando, los alimentos deben estar debidamente tapados, de manera que se evite pueda caer algún material extraño.

Para probar la sazón de las preparaciones directamente de la olla o fuentes principales, se deberán emplear utensilios (cucharas, tenedores, cucharones, etc.), los cuales no se volverán a introducir en la olla luego de ser utilizados si previamente no se lavan, ya que esto produciría contaminación.

La preparación de todo tipo de salsas y aderezos deberá ser diaria, en un lapso de tiempo lo más cercano a la hora de servicio. No preparar una salsa reutilizando las sobras.

Conservación

Elaborado el alimento, es importante llevar a cabo el enfriamiento lo más rápido posible, a fin de prevenir su contaminación. Se deberá colocar en recipientes poco profundos los alimentos preparados. Agitar constantemente con una cuchara desinfectada.

Se recomienda almacenar en refrigeración los alimentos ya preparados, por no más de tres días, siempre y cuando no se observe alteración alguna. Si los platos cocinados no han sido sometidos a un enfriamiento rápido, deben eliminarse después de 24 horas de conservación.

E) Mezclado

Para el caso de los alimentos que se consumen sin cocción previa, los condimentos empleados deben estar exentos de materias extrañas, y guardados en recipientes limpios y tapados.

Cada condimento deberá tener un cubierto exclusivo para su uso, y por ningún motivo se empleará este para la mezcla. Nunca se utilizarán las manos para agregar condimentos, sino una cuchara u otro utensilio.

© Ediciones Rodio

3.4. Servido

La persona que servirá a los comensales debe observar rigurosa higiene personal, en especial las manos (uñas cortas y limpias). Eludir los malos hábitos de higiene.

En el servido se emplearán utensilios exclusivos de esta actividad, previo lavado y desinfectado. En caso de que estos se caigan al suelo, no se usarán nuevamente hasta que hayan sido lavados y desinfectados.

No se deben incorporar a las preparaciones nuevas alimentos preparados del día anterior.

Se debe dejar un borde en el plato que permita tomarlo sin tocar el alimento, no es correcto llenar el plato hasta los bordes, haciéndolo podemos provocar infecciones y accidentes. Por ningún motivo se servirán los alimentos directamente con las manos. También está totalmente prohibido que la persona que sirve el alimento pueda coger dinero al mismo tiempo.

Los alimentos preparados que no se sirven de inmediato, deben guardarse en refrigeración o mantenerse calientes mediante baño María o de mesas calientes, como se hace por ejemplo en el caso de bufés, cuya temperatura es controlada para que permanezca por encima de los 63°.

Por ningún motivo se utilizarán las manos para decorar un plato, se recomienda el uso de pinzas.

Servicio en el salón

El camarero que sirva a los comensales debe observar rigurosa higiene personal, en especial las manos (uñas cortas y limpias) y el cabello (corto en los caballeros y sujetado en las damas).

Nunca se tocarán los alimentos directamente con las manos.

Se cogerán los vasos por las bases, los platos por los bordes, las tazas por las asas y los cubiertos por los mangos. Los camareros deben tener el menor contacto posible con las personas encargadas de la preparación de alimentos.

¡Recuerda!

– La recepción de los alimentos implica una serie de normas que debemos seguir para asegurar la calidad.

– Los almacenes pueden ser de alimentos secos, frutas y hortalizas y de pescados y mariscos.

– Vegetales, pescados y mariscos deben ser lavados cuidadosamente.

– Los alimentos que serán consumidos sin cocción previa deben además de lavarse, desinfectarse.

– Debemos evitar contaminación cruzada y procurar limpieza en la tarea de pelar y cortar alimentos.

– Respetar los tiempos y temperaturas de cocción para no dejar piezas crudas en su interior.

– A la hora de servir un alimento hacer uso de las correctas normas de higiene y manipulación de alimentos.

4. Gérmenes

Hablemos un poco sobre los gérmenes, los peligros que pueden causar y posibles infecciones: los gérmenes son tan pequeños que solo pueden ser vistos a través de un microscopio. Los gérmenes producen venenos que pueden enfermarnos produciendonos incluso la muerte. Si los alimentos no se cuidan adecuadamente, podemos ingerir alimentos contaminados por los gérmenes.

© Ediciones Rodio

Los gérmenes se encuentran en todas partes, en el aire que respiramos, en el suelo y en el agua, en nuestros cuerpos y a veces los alimentos que ingerimos.

Igual que a nosotros, a los gérmenes les gusta alimentarse, especialmente de carne, ave y pescado.

Las condiciones propias para que se desarrollen los gérmenes son:

- Alimentos.
- Humedad.
- Calor.
- Tiempo.

Alimento: los gérmenes necesitan alimentarse para sobrevivir. Hemos comentado que los gérmenes pueden estar en nosotros mismos y lo mismo pasa con los animales. Por eso especialmente cuando manipulamos un alimento de origen animal (carne, pescado, aves), debemos tener mucha precaución con los gérmenes, porque puede estar infectado. Los alimentos de origen animal tienen doble posibilidad de infección ya que además de los gérmenes que pueden contener, también podemos encontrar gérmenes derivados de su proceso de producción y manipulación (posibles gérmenes que se encuentren por el proceso de matanza o transporte, etc.).

Humedad: pensemos que los gérmenes son un organismo vivo, son muy pequeños y necesitan unas buenas condiciones de humedad, requieren tener una buena fuente de agua para poder beber cuando lo necesiten. Cuando envasamos pescado al vacío, normalmente se seca (o se retira el exceso de agua) colocando el pescado sobre un trapo y dejando que el trapo (limpio) absorba el agua que contiene por las dos caras. Este procedimiento se realiza para evitar humedad dentro de la bolsa de envasado al vacío, así prevenimos la proliferación de gérmenes.

Calor: los gérmenes necesitan una temperatura ideal para reproducirse en condiciones óptimas. Las temperaturas elevadas, destruyen a los gérmenes, pero una temperatura ambiente es la ideal para reproducirse y tener mayor actividad.

Tiempo: los gérmenes necesitan tiempo para crecer, pero no mucho tiempo. Un solo germen se divide en dos cada 20 minutos, de tal manera que en 10 horas puede haber más de 1000 millones de gérmenes producidos por uno solo.

Está muy claro que si permitimos que los gérmenes tengan unas buenas condiciones de alimento, humedad, calor y tiempo, se encontrarán muy a gusto y se multiplicarán rápidamente haciéndolos muy peligrosos.

Los gérmenes pueden pasar fácilmente de un alimento a otro a través de nuestras manos, ropas o utensilios de cocina y herramientas. Por eso, ya que nosotros manipulamos alimentos y servimos al público, tenemos una responsabilidad especial, porque podemos hacer que una persona enferme por nuestra falta de cuidado a la hora de manipular alimentos.

Por eso hay dos reglas principales que debemos seguir:

- **Regla 1**: si cuidamos de nuestra higiene personal, las posibilidades de que los gérmenes se diseminen suele ser menor.
- **Regla 2**: si somos cuidadosos en el manejo de los alimentos, el peligro de crecimiento de los gérmenes suele ser menor.

Volvamos a recordar que es muy importante la higiene y sobre todo en las manos. Así que siempre debemos lavar nuestras manos enteramente con agua y jabón y debemos usar una escobilla para las uñas, sobre todo:

- Antes de empezar a trabajar.
- Después de ir al baño.
- Nunca en el sumidero que se usa para preparar alimentos o para lavar la loza.
- Después de sonarse.
- Siempre debemos mantener las uñas de nuestros dedos cortas y limpias.

Recuerda que los gérmenes están en todas partes. También se encuentran en nuestra ropa y nuestro pelo. Por eso es importante, antes de empezar a trabajar, ponernos ropa de cocina limpia, guardando la ropa que traemos de calle y debemos mantener el cabello cubierto y atado atrás.

Además de en nuestro exterior, también se encuentran gérmenes en nuestro interior. Nunca debemos:

- Peinarnos o maquillarnos en la cocina.
- Meternos los dedos en la nariz.
- Probar los alimentos con los dedos.
- Fumar en la cocina.
- Escupir.
- Estornudar encima de los alimentos.

Si hacemos cualquier cosa de las mencionadas anteriormente, estaremos diseminando gérmenes y podremos hacer enfermar a una persona.

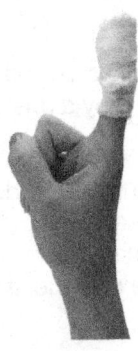

Puede darse el caso que nos cortemos o quememos. ¿Cómo actuar entonces si necesitamos lavarnos las manos? Deberemos desinfectarlo y cubrir el corte o la quemadura inmediatamente con una tirita o parche a prueba de agua. De esta forma, podremos lavarnos las manos sin diseminar gérmenes.

Si estamos enfermos, estamos acarreando más gérmenes de lo normal, de tal manera que no debemos manipular alimentos y deberíamos avisar a nuestro jefe o supervisor si no nos encontramos bien y, especialmente, si tenemos la garganta irritada, padecemos un resfriado, tenemos furúnculos, manchas, una herida infectada, diarrea o el estómago malo.

© Ediciones Rodio

¡Recuerda!)))

- Debido a que sus manos diseminan los gérmenes, trate de evitar contacto con los alimentos cuando sea posible. Use tenazas o tenedores.

- Nunca debe meter sus dedos en los alimentos para probarlos. Siempre debe lavar sus manos antes de empezar a trabajar y después de un descanso, aunque sea solo para una taza de café, especialmente si ha estado fumando o ha ido al baño.

- Siempre debe lavarse las manos entre trabajos y, especialmente después que haya estado trabajando con carne o antes de tocar carne cocida.

- Pensemos que los gérmenes necesitan humedad para vivir, de tal manera que siempre tenemos que asegurarnos de que la superficie donde estemos trabajando y todo nuestro equipo, esté totalmente limpio y sin ninguna partícula de alimento. Siempre debemos secar cualquier derrame inmediatamente al igual que siempre debemos echar la basura y los restos de comida en los basureros que se proveen y debemos asegurarnos de que estén bien cerrados.

- Nunca debemos sentarnos o apoyarnos en la mesa que se usa para preparar los alimentos.

))

Igual que humedad, los gérmenes también necesitan temperaturas cálidas (como nosotros). Pero, como la gente también, no gusta de las temperaturas extremas, ya sean muy altas o muy bajas. La mayoría de los gérmenes se mueren cuando se cocinan a temperaturas muy altas, por encima de 63°, sin embargo, no se mueren a temperaturas muy bajas, a -10°, pero al menos no crecen.

Otro de los factores que ayudan a crecer a los gérmenes es el tiempo. A mayor tiempo de exposición de un alimento a temperatura ambiente, mayor será la proliferación de gérmenes.

Ellos adoran las cocinas temperadas, de tal manera que siempre debemos poner los alimentos en una pieza helada (o abatidor de temperatura) inmediatamente después de cocinados. Nunca debemos dejar los alimentos destapados en una cocina temperada para que se enfríen y siempre tenemos que mantener los alimentos a la menor temperatura a la que se cocinaron originalmente.

Recordemos que los gérmenes no se mueren cuando son expuestos a temperaturas bajas, ni aun cuando son congelados. Ellos siempre se encuentran allí, pero no pueden crecer. Es como si estuvieran invernando. De tal manera que alimentos congelados, especialmente si son avícolas, deben ser descongelados completamente antes de ser cocinados. Entonces, cuando los alimentos sean cocinados a altas temperaturas, los gérmenes serán destruidos.

Los gérmenes no son mañosos. A ellos no les importa lo que comen, por eso andan de un alimento a otro. Carnes crudas contienen gérmenes que solo son destruidos cuando las carnes son cocinadas. De tal manera que:

- Nunca debemos mantener carnes crudas sin cocinar encima de carnes cocinadas.

- Nunca debemos preparar ensaladas o verduras frescas cerca de carne cruda.

- Siempre debemos mantener nuestra mesa de trabajo y nuestro equipo totalmente limpio.

- Siempre hemos de lavar los cuchillos a conciencia entre trabajos, especialmente si han sido usados para cortar carne cruda.

Estamos poniendo como ejemplo la carne, pero el trato que debemos darle al pescado es exactamente el mismo.

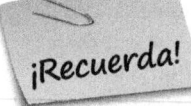

¡Recuerda!

– Los gérmenes son bacterias y solo pueden ser vistos a través de un microscopio.
– Los gérmenes necesitan alimento, humedad, calor y tiempo.
– Los gérmenes se propagan fácilmente a través de manos, ropas, utensilios, etc.
– Debemos cuidar nuestra higiene personal y ser cuidadosos con los alimentos.
– Nunca debemos: peinarnos, meter los dedos en la nariz o en los alimentos para probarlos, fumar, escupir y estornudar en la cocina.
– Si estamos enfermos podemos diseminar muchos gérmenes.
– Debemos lavarnos las manos cuando sea necesario.
– No debemos mezclar alimentos crudos con alimentos cocinados.

5. Posibles infecciones alimentarias

Hemos hablado de gérmenes y de cómo podemos prevenir que se reproduzcan e infecten alimentos. Ahora vamos a hablar de posibles infecciones alimentarias, de los factores contribuyentes y de síntomas de estas infecciones alimentarias.

Entre las causas que pueden producir una infección alimentaria están:

- Preparación del alimento con antelación...3%
- Conservación a temperatura ambiente...7%

© Ediciones Rodio

- Preparación con antelación y conservación a temperatura ambiente ..7%
- Manipuladores 3%
- Refrigeración insuficiente 2%
- Consumo de alimentos crudos contaminados....................................1%
- Malas condiciones higiénicas del establecimiento.............................1%
- Utilización de restos de comida 1%
- Huevos contaminados..1%
- Cocción insuficiente 56%
- Otros 10%
- Desconocido..8%

Las principales infecciones alimentarias son las que estudiaremos a continuación.

5.1. Salmonelosis

- Los síntomas son: náuseas, vómitos, diarrea, dolor abdominal, fiebre, dolores de cabeza, escalofríos y abatimiento.

- Los alimentos responsables son: principalmente productos cárnicos de cerdo y aves. Huevos y productos derivados del huevo. Restos de comida recalentada. Embutidos, pasteles de carne y carne picada. Ensaladas, pasteles y helados.

© Ediciones Rodio

- Prevención: higiene general de cocina así como de manipuladores, limpieza y desinfección de cocinas, refrigeración de productos y desechar los huevos rotos o sucios.

La fiebre que produce es moderada, pero esta infección puede causar incluso la muerte.

Si tenemos en nuestras manos un huevo con salmonelosis, no podemos eliminarla lavando el huevo porque la cáscara del huevo es porosa y puede ser que el germen se encuentre ya en el interior. Por eso es importante desechar los huevos que estén rotos o muy manchados.

5.2. Intoxicación por estafilococos

- Los síntomas son: náuseas, vómitos, diarrea, calambres abdominales, sudoración. En casos más graves puede producir también, dolores de cabeza, abatimiento y cianosis.
- Los alimentos responsables son: mayonesa, nata, crema o alimentos rellenos de crema y derivados de los huevos. Jamón cocido, lengua, ave y sus condimentos. Productos lácteos, sándwiches, salsas, tartas y ensaladas.
- Prevención: utilizar vinagre en las mayonesas, higiene personal y de cocinas, limpieza general y desinfección de utensilios. Calentamiento suficiente, refrigeración o protección adecuada de productos conflictivos. Alejamiento de personas con heridas, erupciones e inflamaciones faríngeas.

No produce fiebre y no varía el pulso. La mortalidad es baja y la prevención es difícil al ser muy ubicuitario, esto quiere decir, que tiene poder de acción en cualquier parte del organismo.

5.3. Botulismo

- Los síntomas son: náuseas, vómitos, diarreas, fatiga, mareos, sequedad de boca, defectos en la visión, dolor de cabeza, dificultad al hablar, parálisis musculares y fallo respiratorio grave.
- Los alimentos responsables son: alimentos enlatados de acidez baja o media en general. Conservas vegetales caseras como espárragos, judías, espinacas, frutas. Jamón y carne mal curada. Pescado ahumado.
- Prevención: destrucción de esporas (tratamiento que se realiza en enlatados y conservas) e impedir la germinación de esporas (almacenando en refrigeración). Sazonar bien los jamones.

No produce fiebre y no varía el pulso. El estado mental en el que nos encontramos es normal pero es bastante grave y tiene un índice de mortalidad elevada.

© Ediciones Rodio

Cuando encontremos latas golpeadas o abolladas debemos desecharlas porque al envasar el producto, se emplea una técnica para prevenir el botulismo que hace que el interior de la lata esté protegido. Al golpearla, esta protección se quiebra haciendo que el producto esté en contacto directo con la lata y debido a ello, puede contaminarse con botulismo.

6. Lavado de loza

El lavado de platos es algo que se hace tan a menudo que se transforma en una acción automática.

Pero pensemos en ello. ¿Por qué es importante? No deseamos que todo el cuidado que se pone en la preparación de alimentos sea perdido, ¿no es cierto? Los gérmenes son resistentes y se aferran a los alimentos con todas sus fuerzas. De tal manera que:

- Siempre escobille los platos concienzudamente y guárdelos en un compartimiento totalmente cerrado.
- Siempre use agua caliente y detergente (temperatura entre 50° y 60°).
- Siempre cambie el agua cuando se ponga grasienta o sucia.
- Siempre elimine el detergente después de lavar la loza, haciendo correr agua caliente (80°) durante unos 2 minutos. Esto mata los gérmenes y hace que la loza se seque rápidamente.

Hagamos todo esto con todo nuestro equipo de cocina, con las ollas, cacerolas, vasos, loza y servicio. Ya que estamos hablando de limpieza, vamos a hablar de técnicas de limpieza.

7. Técnicas de limpieza

Las técnicas de limpieza son prácticas sanitarias que deben realizarse diariamente sobre superficies de muebles, equipos, utensilios, suelos, paredes y techos, para disminuir el riesgo de contaminación que prevalece en todas las empresas de alimentos, y con mucha más razón en los restaurantes, por la cantidad de personas que pasan diariamente por éstos.

Las operaciones de limpieza se practican alternando en forma separada o combinando métodos físicos para el restregado y métodos químicos, los cuales implican el uso de detergentes y desinfectantes.

En cuanto al uso de calor es importante tomar precauciones respecto a las temperaturas utilizadas, pues estarán en función del detergente usado y de las superficies que se van a limpiar.

– **Técnicas manuales**: se aplican cuando es necesario quitar los restos restregando con esponjas y soluciones detergentes.

– **Limpieza" *in situ*"**: se emplean para la limpieza y desinfección de equipos o partes de estos que no es posible desmontar, en especial tuberías, para lo cual se lavan con una solución de agua a presión y desinfectante.

– **Limpieza con espuma**: consiste en la aplicación de un detergente en forma de espuma a presión, por aspersión, durante 15 o 20 minutos, y un posterior enjuague con agua potable.

– **Técnica de máquinas lavadoras**: es de suma utilidad en los establecimientos, particularmente en el área donde se realizan la limpieza y desinfección de vajillas y utensilios, los cuales son sometidos a procesos de lavado, enjuague y secado utilizándose agua caliente y aire.

– **Detergentes**: los detergentes tienen la propiedad de penetrar, desalojar y arrastrar residuos que se endurecen sobre las superficies de los equipos y utensilios.

Existen muchos tipos de detergentes. Su elección dependerá del tipo de suciedad que se desee eliminar, del material con el que esté construido el equipo, utensilio o superficie por limpiar, de si las manos del operario entran o no en contacto con la solución, de si se utilizará lavado manual o mecánico, y también de las características químicas del agua, en especial, de su dureza.

La aplicación del detergente con el agua elimina las capas de suciedad cortando la grasa, arrastrando la mugre visible y haciendo desaparecer los microorganismos.

Sea cual fuere el modo en que se use, todo detergente debe poseer al menos las siguientes propiedades:

– Ser rápido y completamente soluble en agua, o sea, que no forme grumos.

– No ser corrosivo para las superficies metálicas, es decir, que no manche el metal.

– Ejercer potente acción microbiana (que destruya algunas bacterias) y desengrasante.

– Cubrir en su totalidad la superficie que se limpie.

– No ser tóxico, que no cause daño a la salud.

© Ediciones Rodio

- Ser de fácil eliminación por enjuague.
- De precio razonable.

Los detergentes pueden clasificarse en:

- **Alcalinos**: hidróxido de sodio, carbonato de sodio, bicarbonato de sodio.
- **Ácidos:** ácido clorhídrico, cítrico, fosfórico, acético, tartárico, fórmico, glucónico y sulfámico.
- **Agentes tensoactivos**: compuestos de óxido de polietileno, compuestos cuaternarios de amonio.
- **Agentes secuestradores**: bifosfato tetrasódico, trifosfato pentasódico, polifosfato sódico y otros.

Los detergentes destinados al lavado manual deben contener una gran proporción de álcalis suaves, con una pequeña cantidad de humectantes y ablandadores de agua.

Es recomendable no utilizar ácidos frecuentemente. Estos deben manejarse con mucho cuidado, pues tienen acción corrosiva sobre los metales como aluminio, estaño y los galvanizados.

8. Técnicas de desinfección

8.1. Desinfección con vapor

Uno de los métodos más comunes y útiles consiste en la aplicación de vapor para elevar a 80° la temperatura de la superficie de los equipos. Sin embargo, antes de ello es importante eliminar todos los residuos de alimentos adheridos a las paredes de los equipos, pues de lo contrario, se pegarán más fuertemente y resultará más trabajoso retirarlos. El empleo de vapor también es útil para las superficies de la máquina y otras de difícil acceso, como aquellas cuya desinfección tiene que efectuarse en el suelo. Tal procedimiento favorece el secado posterior de los equipos.

8.2. Desinfección con agua caliente

Esta técnica, muy empleada, consiste en sumergir en tanques con agua caliente las piezas desmontables de los equipos y algunos componentes pequeños de los mismos, El agua tiene que estar a una temperatura de 80°. Las piezas deben mantenerse dentro del agua durante dos minutos por lo menos.

8.3. Desinfección con sustancias químicas

La presencia de suciedad reduce la eficiencia de todos los desinfectantes químicos e incluso anula el efecto de estos cuando es demasiada. Por lo tanto, la desinfección con sustancias químicas siempre se llevará a cabo después de un proceso de limpieza. Generalmente, cuanto más alta sea la temperatura, más eficaz será la desinfección; es preferible usar una solución tibia o caliente en vez de fría. No obstante, hay que seguir en todo momento las recomendaciones del fabricante.

8.4. Sustancias desinfectantes más utilizadas

– **Cloro** y sus compuestos (lejía): se consideran entre los mejores para su empleo en los establecimientos de alimentos. Ejercen un buen efecto sobre gran número de microorganismos, especialmente los que causan enfermedades, por lo que se requiere un buen proceso de limpieza previo. Son relativamente baratos con respecto a otros desinfectantes.

Sin embargo, debemos mencionar como desventajas del uso de lejía, que pierde su eficacia en presencia de materia orgánica, o sea, el área debe estar previamente limpia para que surta efecto la desinfección con esta sustancia. Se evapora a 80°, por eso no se sugiere utilizarla con agua

© Ediciones Rodio

a esta temperatura. Corroe los metales, por lo cual no se recomienda su aplicación a los utensilios de metal, salvo que se enjuague con agua potable inmediatamente. La lejía demasiado concentrada irrita la piel y, además, tiene efecto decolorante.

- **El yodo** es una sustancia con un gran poder microbiano. Se utiliza diluido en agua, la cual adquiere una tonalidad ámbar que va disminuyendo al ir perdiendo su eficacia. Requiere de un enjuague a fondo. La desventaja de este producto es que en concentraciones inadecuadas y un tiempo prolongado de contacto, corroe los metales.

- **Desinfectantes orgánicos:** en la actualidad han surgido muchas sustancias orgánicas sobre la base de productos cítricos, empleados principalmente para la desinfección de frutas y verduras. Poseen la ventaja de no dejar residuos dañinos para la salud.

8.5. Condiciones a tener en cuenta

En la aplicación de un desinfectante se deberán tomar en cuenta los siguientes aspectos:

- *Tiempo*: todos los desinfectantes químicos necesitan un tiempo mínimo de contacto para resultar eficaces. Este puede variar según la acción del desinfectante, pero siempre hay que considerarlo para asegurar un efecto adecuado.

- *Dilución*: es la cantidad de agua que se le agrega al desinfectante para su aplicación. Varía de acuerdo con la naturaleza del producto, su concentración inicial y las condiciones de uso. Se dosifica en correspondencia con la finalidad y el medio ambiente donde se empleará, lo cual constituye otra razón para observar las recomendaciones del fabricante.

- *Estabilidad*: todas las soluciones desinfectantes implican preparación reciente y uso en utensilios limpios. Mantenerlas por tiempos prolongados puede disminuir su eficacia o convertirlas en reservorios de microorganismos resistentes.

Los desinfectantes pierden su poder si se mezclan con otros o con detergentes, por ello es necesario verificar periódicamente su eficacia, en especial cuando se han disuelto para aplicarlos.

Los desinfectantes químicos pueden contaminar los alimentos cuando no se usan en las concentraciones adecuadas y durante el tiempo que establece el fabricante.

Un aspecto también relevante es el correcto tratamiento de los artículos de limpieza y desinfección, para prevenir la contaminación cruzada y a la vez alargar el tiempo de uso de los mismos. Para ello se deben almacenar en un lugar específico; correctamente limpio de residuos, sin abolladuras ni grietas, además de identificarlos por zonas de utilización.

¡Recuerda! 〉〉

– Nosotros somos los responsables de producir una infección alimentaria que puede producir incluso la muerte.

– Las infecciones alimentarias más frecuentes son: Salmonelosis, Estafilococos y Botulismo.

– Debemos limpiar la loza para evitar que se acumulen los gérmenes.

– Existen varias técnicas de limpieza que pueden ser físicas (restregado) o químicas (detergentes).

– También existen diferentes técnicas de desinfección (agua caliente, sustancias químicas).

〉〉〉

© Ediciones Rodio

Capítulo 4

Uso de uniformes y equipamiento personal de seguridad en las zonas de producción y servicio de alimentos y bebidas

Rodio
ediciones

Índice

1. **Uniforme del personal de cocina**

   1.1. La chaqueta

   1.2. El pantalón

   1.3. Redecilla, pañoleta y gorro

   1.4. Mandil

   1.5. Zapatos

   1.6. Guantes

2. **Uniforme del personal de sala**

3. **Las 10 reglas de oro**

© Ediciones Rodio

1. Uniforme del personal de cocina

1.1. La chaqueta

Debe estar confeccionada en algodón no inflamable (50% de algodón, 50% de poliéster) y debe permitir la absorción de la transpiración. Debe poderse cruzar cómodamente de manera que forme una doble capa o pechera, para asegurar una eficaz protección contra el calor y preservar el pecho de cualquier líquido caliente que pudiera salpicar. Los botones deben permitir quitarse la chaqueta rápidamente en caso de quemaduras.

1.2. El pantalón

Debe ser de algodón no inflamable (65% algodón y 35% de poliéster).

1.3. Redecilla, pañoleta y gorro

Están destinados a contener los cabellos y cualquier otra partícula capilar que pueda ser fuente de contaminación. Deben cubrir toda la cabellera y al mismo tiempo asegurar una buena ventilación del cuero cabelludo. Igualmente, sirven para proteger el cabello del vapor, la grasa y los olores. Las personas que usan el cabello largo deberán sujetarlo de tal modo que no salga de la redecilla o gorra.

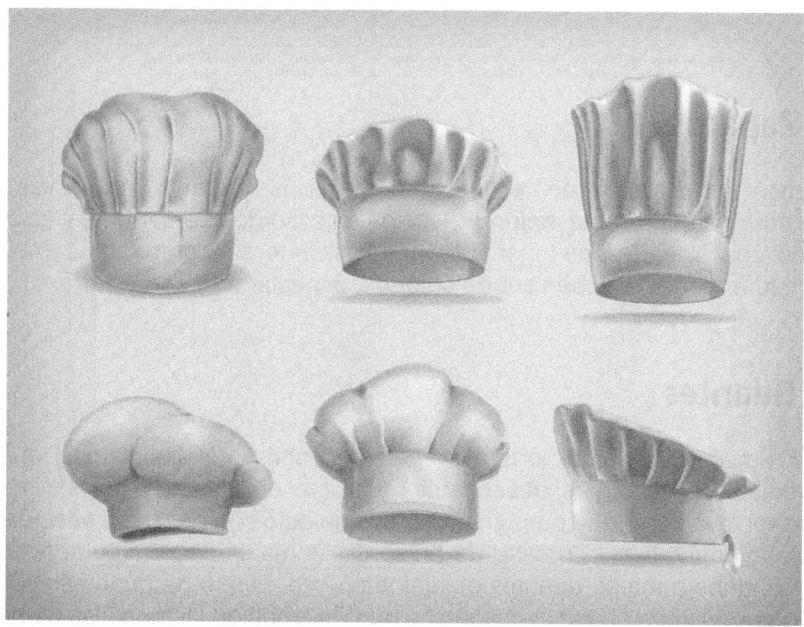

1.4. Mandil

Cuando por el trabajo que se realiza el uniforme pueda ensuciarse rápidamente, se aconseja utilizar mandiles de tela o plásticos para mayor protección, los cuales deben colocarse en un sitio específico mientras no se estén usando. El largo correcto del mandil es hasta debajo de la rodilla.

También se utilizan mandiles para lavar la loza y los utensilios, en este caso de plástico para evitar mojarnos el uniforme y prevenir enfermedades.

1.5. Zapatos

Deben ser preferiblemente de cuero, cerrados, y con punta reforzada de acero para garantizar una mejor protección en caso de quemaduras y caídas de objetos (cuchillos). Deben tener suela antideslizante, ser confortables y resistentes. Preferentemente deben ser de color claro y estar en buen estado.

1.6. Guantes

Son una protección adicional al preparar y acondicionar los platos. Deben ser impermeables, resistentes, desechables, y facilitar el contacto con los alimentos. Deben ser lavables y que puedan entrar en contacto con desinfectantes para las verduras y legumbres. En caso de presentar el manipulador alguna herida en la mano, debe ponerse guantes obligatoriamente. El uso de guantes no quiere decir que podamos obviar la obligación que tenemos de lavarnos las manos.

© Ediciones Rodio

También disponemos de otro tipo de guantes de protección ante cortes que son los guantes de malla. Este tipo de guante está compuesto de hilos gruesos de acero que evitan que nos produzcamos cortes en las manos como, por ejemplo, al trocear una pieza con un cuchillo de media luna (cuchillo con forma de media luna que sirve para despiezar carne con huesos como el pollo), o al cortar un embutido en la máquina de cortar fiambres.

2. Uniforme del personal de sala

El personal de sala no debe llevar una ropa específica de trabajo, el criterio dependerá del propietario o responsable del local pero sí debe haber unas características esenciales en la confección del uniforme que serán:

– Utilizar tejidos de calidad (alargan la vida del uniforme).

– Elegir tejidos de limpieza, secado y planchado fáciles.

– Debe ser cómodo, evitando prendas demasiado ajustadas o excesivamente anchas.

Las normas en el uso de los uniformes pueden resumirse de la siguiente forma:

– Es indispensable tener dos uniformes. Para la realización de determinadas tareas, como el montaje del comedor, transporte y repaso de material, es conveniente no utilizar el mismo uniforme de servicio.

– El uniforme solo se debe utilizar en horas de trabajo y nunca fuera del establecimiento.

– La ropa blanca se debe cambiar a diario.

– Se debe evitar la utilización de ropa desgastada.

© Ediciones Rodio

- Debe tenerse mucho cuidado a la hora de colgar la ropa ya planchada para evitar arrugas. Hay que mantener los zapatos perfectamente limpios y brillantes.

- Los calcetines deben ser siempre negros y a ser posible de hilo, ya que facilitan la transpiración de los pies.

Según la reglamentación vigente, las empresas están obligadas a proporcionar la ropa de trabajo. Las normas de régimen interno del establecimiento determinan si la limpieza y conservación de los uniformes será a cargo de la empresa o del trabajador.

En cualquier caso el trabajador es siempre el último responsable del perfecto estado de limpieza y conservación de su uniforme.

© Ediciones Rodio

3. Las 10 reglas de oro

Todas las etapas de las buenas prácticas se agrupan en las Reglas de Oro formuladas por la Organización Mundial de la Salud (OMS) para la preparación higiénica de alimentos, y son las siguientes:

1. Elegir alimentos elaborados o producidos higiénicamente.
2. Cocinar bien los alimentos.
3. Consumir inmediatamente los alimentos cocinados.
4. Guardar cuidadosamente los alimentos cocinados.
5. Recalentar bien los alimentos cocinados.
6. Evitar el contacto entre los alimentos crudos y cocidos.
7. Lavarse las manos a menudo.
8. Mantener escrupulosamente limpias todas las superficies de la cocina.
9. Mantener los alimentos fuera del alcance de insectos, roedores y otros animales.
10. Utilizar agua potable.

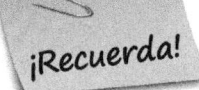

¡Recuerda!

– La chaqueta, pantalón, gorro, mandil y zapatos deben ser los apropiados y evitarnos quemaduras y accidentes.

– Los uniformes del personal de sala deben ser adecuados.

– Recuerda las 10 reglas de oro.

Actividades

》》

1. Responde a las siguientes cuestiones:

1. La autoridad sanitaria municipal pretende:

a) Fastidiarnos.

b) Imponer sanciones para recaudar.

c) Obligarnos a montar un buen restaurante.

d) Controlar que todo esté bien.

2. ¿Podemos utilizar un restaurante para algo que no sea preparar y dar comidas?

a) Sí, es nuestro y podemos utilizarlo como queramos.

b) Sí, mientras tengamos delimitadas las zonas.

c) No, no está permitido.

d) No, no es recomendable.

3. Los materiales con los que se construye un restaurante deben:

a) Facilitar su buen uso y limpieza.

b) Facilitar su buena distribución.

c) Ser permeables.

d) Ser decorativos.

4. La luz debe permitirnos:

a) Ver lo que realizan los compañeros.

b) Ver los alimentos con claridad.

c) Distinguir los productos comestibles de los que no lo son.

d) Distinguir el etiquetado de los alimentos.

5. ¿Podemos tener la basura en cubos sin tapaderas?

a) Sí, si tenemos mucho trabajo.

b) Sí, si constantemente estamos tirando basura.

c) No, no está permitido por higiene.

d) No, estéticamente no es recomendable.

6. ¿Está permitido el uso de madera en los utensilios de cocina?

a) Sólo cuando esté en buen uso.

b) Está permitido.

c) Sí, si nuestro restaurante es antiguo y se rige por la norma sanitaria anterior.

d) No, nunca.

7. ¿Deberíamos tener un registro de existencias y proveedores?

a) Sólo si tenemos mala memoria.

b) Sí, es muy importante para tener un control y evitar problemas.

c) Sí, si nos lo requiere el jefe de cocina.

d) No, los registros nos hacen perder tiempo.

8. Los alimentos y productos de limpieza:

a) Deben estar juntos.

b) Nunca deben estar juntos.

c) Son muy importantes para la cocina.

d) Pueden almacenarse con facilidad.

9. Es muy importante que una cocina sea higiénica y nos facilite la preparación y el servicio de alimentos:

a) Verdadero.

b) Falso.

c) Higiénica sí, el resto no.

d) Sólo en los grandes restaurantes.

10. Si una cámara de frío o congelación no funciona bien:

a) Debemos avisar para que solucionen el problema.

b) Debemos evitar abrirla muy a menudo.

c) Podemos utilizarla mientras no pare de funcionar.

d) Podemos seguir almacenando alimentos.

11. Si encontramos un asa con harina, ¿qué significa?

a) Que el utensilio en cuestión está frío.

b) Debemos tener cuidado porque está caliente.

c) Que nuestro compañero no es muy limpio.

d) Que podemos utilizarlo para cocinar carne.

12. Riesgo laboral es:

a) La medida adoptada para no tener accidentes.

b) La posibilidad de sufrir un daño como consecuencia del trabajo.

c) La posibilidad de tener una lesión muscular.

d) La medida de evacuación en caso de accidente.

13. Las señales de advertencia son:

a) Triangulares.

b) Redondas.

c) Cuadradas.

d) Rectangulares.

14. Una etiqueta de un producto químico:

a) Debe contener la información sobre quién lo ha hecho.

b) Debe contener toda la información necesaria para una correcta manipulación.

c) Debe contener la información sobre la sustancia.

d) Da igual lo que ponga, podemos usarlo como queramos.

15. ¿Qué debemos hacer si se nos atasca una picadora de carne?

a) Meter más carne para que se desatasque.

b) Intentar empujar con la mano haciendo fuerza.

c) Manipularla hasta conseguir desatascarla.

d) Antes de manipularla, desconectar de la corriente.

16. Para levantar una carga pesada es conveniente:

a) Separar las piernas.

b) Alejarse un poco de la carga.

c) No estamos obligados a levantar cargas pesadas.

d) Acercarnos a la carga, flexionar las rodillas y mantener la espalda recta.

17. ¿Podemos pinchar las ampollas en caso de quemadura?

a) Si son pequeñas es posible.

b) Sólo si son pocas.

c) No, nunca.

d) Sí, si nos molestan para trabajar.

18. ¿Cuáles son las alteraciones de la consciencia?

a) Lipotimia, convulsiones y pérdida de consciencia.

b) Lipotimia, convulsiones y Alzheimer.

c) Lipotimia, convulsiones y contusiones.

d) Lipotimia y convulsiones.

19. Termina la frase: "El punto de encuentro es":

a) Donde quedamos para tomar café.

b) Donde podemos aparcar los coches.

c) Donde nos reunimos para hacer una estrategia de trabajo.

d) Donde se dirigirá el personal en una situación de emergencia.

20. ¿Qué es la conducta PAS?

a) Paso de todo.

b) Proteger ante los sistemas.

c) Proteger, Avisar, Socorrer.

d) Proteger, Avisar, Supervisar.

21. ¿Dónde deberíamos poner nuestro restaurante?

a) Donde nos guste.

b) Donde tengamos buenas vistas.

c) Donde no existan riesgos para la salud.

d) Donde nos digan nuestros amigos.

22. ¿Los cubos de basura deben tener tapadera?

a) Sí, siempre.

b) No, no es necesario.

c) Sólo cuando venga una inspección sanitaria.

d) Si tenemos mucho volumen de trabajo, no hace falta.

© Ediciones Rodio

23. Nos hacen responsables de un restaurante donde tenemos palas de madera, ollas y brochas; ¿qué debemos hacer?

a) Utilizar el material para ahorrar dinero.

b) Comprar lo necesario y guardar lo que hay por si lo necesitamos.

c) Desechar lo que no está permitido y comprar utensilios nuevos si son necesarios.

d) Preguntamos al personal si quieren seguir con esos utensilios.

24. ¿Podemos almacenar alimentos y productos de limpieza?

a) No, nunca.

b) Sí, siempre.

c) No deberíamos, pero podemos tenerlos escondidos.

d) Si tenemos un almacén pequeño y no disponemos de espacio, está permitido.

25. ¿Qué es el principio PEPS?

a) Algo que han inventado los de sanidad para volvernos locos.

b) Los alimentos que llevan más tiempo en el almacén son los primeros en salir.

c) Es un mecanismo de control sanitario.

d) Es un proceso para desinfectar los almacenes.

26. ¿Qué condiciones debe tener una cocina?

a) Debe cumplir la normativa, ser higiénica y facilitarnos la preparación y el servicio.

b) Debe ser limpia.

c) Debe ser más grande que el comedor.

d) Debe tener separadas cada una de las partidas así como la pastelería.

27. ¿Cuándo podemos volver a congelar un alimento descongelado?

a) Cuando tengamos demasiado producto para poder cocinarlo.

b) Cuando sólo lleve tres horas fuera del congelador.

c) Sólo se puede volver a congelar si se trata de carne de ternera.

d) Nunca.

28. ¿Debemos utilizar unas pinzas para servir el pan?

a) Sí, es lo correcto.

b) Sí, pero sólo cuando nos vean los comensales.

c) Sí, si nos lo pide el cliente.

d) No, si tenemos las manos limpias y aseadas.

29. ¿Podemos usar bebidas que no estén correctamente cerradas?

a) Sí, si la fecha de caducidad es correcta.

b) Sí, siempre que sepa bien.

c) Sí, si se trata de bebidas alcohólicas.

d) No, no sabemos si puede haberse contaminado por no estar bien sellada.

30. ¿Podemos trabajar si estamos resfriados?

a) No, si prefieres quedarte en casa.

b) No, podríamos contaminar los alimentos.

c) No, pero si tu jefe te paga más, puedes ir.

d) Sí, un resfriado no es nada.

31. ¿Qué es el PCP?

a) Programa de control de parásitos.

b) Programa de control de plagas.

c) Programa de cuidado de plagas.

d) Posible contagio de plagas.

32. Las medidas correctivas pretenden:

a) Reducir, controlar o eliminar plagas.

b) Darles un correctivo a las plagas.

c) Basta con controlar que el número no sea excesivo.

d) Reducir y eliminar parásitos.

33. ¿Pueden los roedores romper cables de luz pudiendo causar problemas de seguridad?

a) No tienen unos dientes tan potentes como para eso.

b) No, los cables de luz están suficientemente protegidos siempre.

c) No se sabe con exactitud.

d) Sí.

34. Las trampas para roedores están preparadas para utilizarlas con las manos.

a) Falso.

b) Verdadero.

© Ediciones Rodio

c) Depende del fabricante.

d) Podemos usar las manos si no tocamos el cebo.

35. Si encontramos un hueco en la pared debemos:

a) Poner una caja de cartón o una tapa para evitar que entren o salgan plagas.

b) No hacer nada si es muy pequeña.

c) Avisar al responsable para que tome medidas y evitar plagas.

d) Poner un cebo cerca para ver si sale algo.

36. Las cucarachas son resistentes, pueden causar enfermedades y:

a) Pueden comer lo que quieran.

b) Pueden correr muchísimo.

c) Pueden asociarse con otros insectos.

d) Pueden ser perjudiciales para el buen nombre de nuestro establecimiento.

37. ¿Qué nos puede servir de ayuda para eliminar insectos?

a) Insecticidas.

b) Luz UV.

c) PCP.

d) Insecticidas, cebos, fumigantes.

38. Las plagas se pueden encontrar en productos que traigan los proveedores:

a) Si no son visibles, no hay.

b) Sí.

c) Nunca.

d) Sólo si lo traen proveedores de carne.

39. ¿Debemos colocar rejillas de luz UV en cualquier sitio?

a) Cuantas más, mejor.

b) Debemos colocarlas en lugares donde pasen desapercibidas para los comensales.

c) No producen ningún riesgo de contaminación, podemos colocarlas donde sea.

d) La luz UV es altamente dañina para la vista.

© Ediciones Rodio

40. En caso de salirse de control una situación de plaga, ¿qué debemos hacer?

a) Avisar a sanidad.

b) Poner cebos indiscriminadamente.

c) Acudir a profesionales.

d) Avisar a los comensales.

41. ¿Qué es la limpieza?

a) Eliminar suciedades de un soporte.

b) Mantener todo en buen estado de conservación.

c) Tener nuestra ropa bien colocada.

d) Eliminar bacterias malignas para el organismo.

42. ¿Qué es la desinfección?

a) Eliminar suciedades de un soporte.

b) Lavar la ropa de trabajo con un buen detergente.

c) Eliminar microorganismos de un soporte.

d) Limpiar una herida con yodo cuando nos cortamos.

43. ¿Estamos siendo higiénicos si contaminamos un alimento?

a) Sí, si no produce daño al consumidor.

b) No, nunca.

c) Sí, si no nos mira nadie.

d) No tiene nada que ver higiene y contaminación.

44. ¿Qué son los gérmenes?

a) Bacterias beneficiosas para la salud.

b) Bacterias perjudiciales para la salud.

c) Bacterias que no nos afectan.

d) Organismos visibles que debemos limpiar.

45. Los gérmenes necesitan para vivir:

a) Alimento, humedad, temperaturas muy elevadas y tiempo.

b) Alimento, humedad, frio y tiempo.

c) Alimento, humedad, calor y pH ácido.

d) Alimento, humedad, calor y tiempo.

© Ediciones Rodio

46. ¿Se propagan los gérmenes?

a) No, nunca.

b) A través del aire que expulsamos.

c) Se propagan pero muy difícilmente.

d) A través de manos, ropa y utensilios.

47. ¿Podemos probar alimentos con las manos?

a) No, nunca.

b) Sí, si no tenemos cucharas.

c) No deberíamos, pero si sólo es un poco, es posible.

d) Sí, si no nos ven.

48. ¿Podemos acudir al trabajo si estamos enfermos?

a) Sí, si nos lo pide nuestro jefe.

b) Sí, sí sabemos que no va a venir una inspección.

c) No, porque podemos contaminar alimentos.

d) No, si nos apetece quedarnos en la cama.

49. Debemos lavarnos las manos:

a) Cada dos minutos.

b) Cada cinco minutos.

c) Antes de trabajar y cuando salgamos.

d) Cuando sea necesario.

50. ¿Podemos mezclar alimentos cocinados y crudos?

a) Sí, no hay riesgo alguno.

b) No, pueden contaminarse.

c) No, pueden perder calor.

d) Sí, si no tenemos suficiente espacio.

51. ¿Las infecciones alimentarias pueden causar la muerte?

a) No.

b) Sí.

c) Sólo si se combinan con un mal estado físico de la persona intoxicada.

d) Sólo si la cantidad ingerida es muy grande.

52. Si encontramos una lata con un golpe, ¿debemos abrirla?

a) Siempre que la necesitemos en ese momento.

b) Si no tenemos ninguna otra que no lo esté.

c) No, puede estar en mal estado.

d) No, estéticamente no es correcto.

53. ¿Podemos intoxicar por salmonelosis si utilizamos huevo?

a) Sí, el huevo es uno de los alimentos de riesgo.

b) Sí, si utilizamos muchos huevos.

c) Sí, pero sólo si hacemos mahonesa.

d) No, el huevo no puede producir esa infección.

54. Si un plato regresa del comedor sin restos de comida, ¿qué debemos hacer?

a) Volverlo a guardar.

b) Limpiarlo con un paño.

c) Lavarlo utilizando las técnicas necesarias.

d) Lavarlo en agua fría.

55. ¿Existen varias técnicas de limpieza?

a) Físicas y biológicas.

b) Físicas y naturales.

c) Físicas y químicas.

d) No, sólo físicas.

56. El detergente es una sustancia química que nos ayuda con la limpieza:

a) Sí.

b) No.

c) Nos ayuda con la preparación.

d) Nos ayuda con la manipulación.

57. El agua caliente es:

a) Un método de conservación.

b) Una técnica de limpieza física.

c) Una técnica de limpieza química.

d) Una técnica de desinfección.

© Ediciones Rodio

58. La chaqueta de cocina debe ser de doble capa para:

a) Poder poner la otra capa cuando nos manchamos una.

b) Poder cambiar de botones cuando lo necesitemos.

c) No pasa nada si no es de doble capa.

d) Poder protegernos el pecho del calor y posibles quemaduras.

59. ¿Podemos no cocinar bien los alimentos?

a) Sí, si nos lo pide el comensal.

b) Sólo los pescados.

c) No, debemos cocinarlos bien.

d) Sí, si los queremos "al dente".

60. Completa frase: Mantener escrupulosamente limpias:

a) Las bandejas.

b) Las estanterías del almacén.

c) Los lavabos y la entrada del restaurante.

d) Todas las superficies de la cocina.

2. Realiza los siguientes ejercicios:

1. Definir alimento.

2. ¿Qué debemos hacer en el caso en que no tengamos una entrada para personal y proveedores y otra para clientes?

3. Debemos usar protectores cuando en una cocina tengamos bombillas y lámparas suspendidas pero, ¿por qué?

4. Nombrar los inodoros que debe tener un restaurante con una frecuencia de comensales de 100 por día.

5. ¿Por qué no podemos usar brochas o madera como utensilios de cocina?

6. Indicar los pasos que debemos seguir al recibir una materia prima.

7. ¿Qué temperatura debe tener un alimento que conservamos en el congelador?

8. Indicar al menos 3 cosas que debemos tener en cuenta a la hora de almacenar productos en frío.

9. ¿Cómo debemos distribuir los espacios en las cocinas?

10. Nombrar 4 puntos que debemos tener presentes para hacer nuestro trabajo más seguro.

11. Explicar qué son los riesgos laborales.

12. Indicar al menos 3 obligaciones que tiene el trabajador para prevenir accidentes laborales.

13. ¿Por qué no debemos girar la cintura a la hora de manipular una carga pesada?

14. ¿Por qué debemos dejar libres de materiales las zonas de paso de una cocina?

15. Nombrar 4 recomendaciones para evitar riesgos laborales por contactos eléctricos.

16. Nombrar 4 recomendaciones para evitar riesgos laborales por contactos térmicos.

17. ¿Por qué deben tener timbre de alarma o sistema de megafonía las cámaras frigoríficas y congeladores en su interior?

18. ¿Cuáles son las señales que vamos a encontrar en nuestro lugar de trabajo? Nómbralas.

19. ¿Cómo debe tratarse una quemadura?

20. Indicar cómo podemos descongelar un alimento y cómo no.

21. En la modalidad de Servicio al Consumidor, ¿cuáles son las normas?

22. ¿Qué deben tener las bebidas alcohólicas para verificar su buen estado?

23. Nombrar 4 momentos en el que debemos lavarnos las manos al manipular alimentos.

24. Explicar brevemente qué es el HACCP o APPCC y su procedimiento.

25. ¿Dónde deben almacenarse los plaguicidas y desinfectantes?

26. ¿Quién se encarga del control sanitario? Indica también los motivos de infracción.

27. Definir plaga.

28. Indicar 5 puntos que debe supervisar la persona encargada del Programa de Control de Plagas.

29. ¿Por qué es importante contar con un programa de control de roedores?

© Ediciones Rodio

30. ¿Qué debemos hacer y cómo para medir el grado de infestación de cucarachas?

31. Indicar 3 puntos que debemos tener en cuenta para evitar que las cucarachas obtengan alimento.

32. Explicar por qué las trampas eléctricas de luz UV son las más empleadas.

33. ¿Qué procedimiento realizamos en la verificación del programa de control de plagas?

34. Definir limpieza.

35. Definir desinfección y explicar las diferencias entre ambos conceptos.

36. ¿Qué es higiene?

37. Poner varios ejemplos de cosas que debemos tener en cuenta en la recepción de la materia prima.

38. Dependiendo de las características de la materia prima, indicar cómo se clasifican los almacenes.

39. Al cocinar alimentos, ¿qué debemos tener en cuenta? Indicar al menos 5 normas.

40. ¿Qué son los gérmenes?

41. ¿Cuáles son las 4 condiciones propicias para que se desarrollen los gérmenes? Explicar un poco cada una de ellas.

42. ¿Cuáles son las principales infecciones alimentarias?

43. ¿Para qué sirven los detergentes?

44. Indicar algunas técnicas de desinfección.

45. ¿Cuáles son los elementos que componen el uniforme de cocina?

46. Nombrar al menos 4 normas en el uso de los uniformes de sala.

47. ¿Es capaz de recordar las 10 reglas de oro? Demuéstrelo.

Unidad Formativa 2

》》》》》》》》》》》》》》》》》》》》》》》》》》》》》》》》》》》》》》

Realización de elaboraciones básicas y elementales de cocina y asistir en la elaboración culinaria

Las elaboraciones culinarias básicas son, en la cocina, lo que los cimientos de un edificio.

El cocinero no puede presentar un trabajo perfecto y un plato bien elaborado si no dispone de una buena base y conoce al detalle todas las preparaciones básicas de una cocina. Estas preparaciones básicas constituyen las bases fundamentales de todos los trabajos de cocina por eso es muy importante recomendar a los jefes de cocina que las materias primas que se empleen sean de primera calidad para que el cocinero obtenga en su trabajo un resultado satisfactorio.

Rodio
ediciones

Capítulo 1

Realización de elaboraciones culinarias básicas y sencillas de multiples aplicaciones

Índice

1. **Introducción**

2. **Fondos de cocina**
   2.1. Fondo blanco
   2.2 Fondo oscuro

3. **Caldos**
   3.1. Caldo blanco
   3.2. Marinadas

4. **Salsas básicas**
   4.1. Española
   4.2. Bechamel
   4.3. Veloute
   4.4. Tomate
   4.5. Mahonesa
   4.6. Salsa holandesa
   4.7. Salsa bearnesa
   4.8. Salsa vinagreta

5. **Guarniciones sencillas**
   5.1. Guarniciones simples
   5.2. Guarniciones compuestas

© Ediciones Rodio

1. Introducción

Para realizar las elaboraciones culinarias básicas lo primero que debemos controlar es la limpieza y puesta a punto de equipos y útiles de trabajo en el área de producción de la cocina.

Para ello debemos tener limpios y en correcto uso las superficies, equipos y útiles de trabajo. Utilizaremos la ropa de trabajo establecida, la distribución del área de trabajo y la organización nos permitirá cumplir con las normas de seguridad e higiene. Si observamos cualquier anomalía o fallo de algún tipo debemos informar inmediatamente a la persona encargada o responsable. También deberemos comprobar que la maquinaria esté bien conservada y en perfecto estado de utilización.

El segundo paso a seguir es el relativo a la recepción de mercancías y a su correcto almacenamiento, así deberemos asegurarnos de que se hayan verificado las mercancías, de que se hayan distribuido las materias primas en las zonas de conservación y almacenaje correspondientes (que los alimentos que requieran refrigeración estén refrigerados, que los productos congelados no hayan roto la cadena de frío, etc.) y debemos detectar los posibles deterioros o perdidas de género durante el periodo de almacenamiento procediendo a su retirada si es necesario.

Una vez que tenemos las superficies y útiles a punto y nos hemos asegurado de que las materias primas se han almacenado correctamente, ya podemos manipular y pre-elaborar los alimentos en crudo según las necesidades e instrucciones recibidas para realizar las elaboraciones básicas.

El jefe de cocina será el que marque un plan de trabajo establecido o dará las instrucciones de producción. Cuando empecemos a elaborar debemos tener en cuenta la norma higiénico-sanitaria en la manipulación de alimentos para evitar posibles fuentes de contaminación y deberemos verificar el buen estado de las materias primas.

A continuación, seguiremos las secuencias ordenadas, el tiempo y los recursos necesarios para realizar la elaboración culinaria básica que estemos produciendo.

Una vez que obtengamos la elaboración que necesitábamos, debemos controlar su nivel de calidad y proceder a su conservación en condiciones óptimas. Por ejemplo, si estamos realizando un fumet de pescado, una vez elaborado, debemos enfriarlo lo más rápidamente posible, pasarlo a un recipiente adecuado y almacenarlo en refrigeración hasta que lo necesitemos.

Como punto final, realizaremos las tareas de limpieza de las mesas de trabajo, utensilios y equipos o maquinaria utilizados en el proceso de producción con los productos de limpieza y los medios establecidos, dejando el puesto de trabajo en perfectas condiciones para su nuevo uso.

La clasificación que podemos hacer de elaboraciones culinarias básicas es:

2. Fondos de cocina

Se entiende por fondo la elaboración hecha en la cocina con aplicaciones muy variadas. Pueden considerarse como el fundamento o base de toda buena cocina. Su conocimiento y cuidado en su elaboración son imprescindibles para cualquier cocinero.

Podemos diferenciarlos en **Fondos fundamentales** que son de uso constante en cualquier tipo de cocina y que son muy estrictos a la hora de utilizar las materias primas y la forma de realización, y **Fondos complementarios** que son de uso más restringido (según el tipo de cocina o carta) y normalmente improvisados (marcados por el jefe de cocina).

Los **Fondos fundamentales** son: fondo blanco, fondo oscuro, consomé clarificado, roux y fumet.

© Ediciones Rodio

2.1. Fondo blanco

Es el líquido de color blanco lechoso basado en el empleo de restos crudos de carnes.

A) Ingredientes

Los ingredientes que necesitaremos serán abundante agua fría, huesos de ternera troceados, puerros, cebolla, zanahoria y apio. Aromáticos como tomillo, laurel, perejil, clavo, pimienta negra en grano y sal.

B) Elaboración

Para su elaboración debemos poner en la marmita, previamente lavados, los elementos de base y condimentación (los huesos pueden ser blanqueados si fuera necesario); acercar la marmita al fuego y revolver los ingredientes; retirar la espuma, según se vaya produciendo, pero dejando que previamente se condense un poco. Al romper el hervor, bajar la intensidad del fuego y seguir espumando durante media hora más; bajar la intensidad del hervor al mínimo y mantenerlo de cuatro a diez horas; colar el caldo por el chino y colador de tela metálica; retirar la grasa; enfriar en agua corriente o agua con hielo; retirar la grasa nuevamente, si hiciera falta; sin cambiar de recipiente, guardar el caldo en la cámara frigorífica. Es importante la limpieza de los ingredientes, espumando y desgrasado perfecto y enfriado rápido.

C) Conservación

Podemos conservarlo hasta una semana si ha sido bien desgrasado, enfriado con rapidez y no agitado durante el tiempo de almacenaje.

Síntomas de descomposición. Pérdida de característica gelatinosa; color ligeramente sonrosado, espumilla en la superficie; carencia de sabor o sabor acidificado; mal olor. Al existir duda sobre su estado se "levanta" (se pone a hervir) y se comprueba posteriormente este.

D) Calidad

Viene marcada por el frescor y la cantidad de productos de base que marcarán su sabor fino y condensado; hay que tener cuidado en su elaboración para obtener aspecto blanquecino y algo transparente.

Fundamento del enturbiado de caldo. Las materias desprendidas de los elementos sólidos (albuminoides, grasas, etc.), en forma de pequeñas partículas, tienen tendencia, al principio de empezar su coagulación por el calor, a conglutinarse formando la espuma y arrastrando a ella otras partículas de suciedad. Retirada la espuma, se eliminan en parte. Cuando el hervor es fuerte, sufre el caldo una especie de homogeneización, quedando para siempre las partículas en suspensión.

Los fundamentos para obtener un caldo limpio son: espumado y desgrasado perfectos; hervor lento; colado cuidadoso.

E) Aplicación

Sus aplicaciones son: mojado de platos, arroces, sopas, etc., elaboración de consomés, gelatinas y salsa veloute.

F) Desgrasado

El desgrasado se refiere a la operación de retirar la grasa de caldos, recipientes, etc. Para desgrasar caldos se emplean varios sistemas, solos o complementados con otros. En frío se hace retirando el sebo solidificado del caldo frío, también retirando la grasa en caliente con el cacillo y dejándolo enfriar antes de retirar el caldo sobrante para su aprovechamiento. En caliente:

a) Retirando con el cacillo la grasa que flota durante el tiempo de cocción.

b) Retirando con el cacillo la grasa del caldo ya colado.

c) Humedeciendo el paño de colar con agua fría antes de utilizarlo.

d) Pasando por la superficie del caldo colado un papel limpio y sin letras para que se peguen a él las pequeñas partículas restantes de la aplicación de los métodos anteriores.

2.2. Fondo oscuro

Es el líquido de fuerte color oscuro, algo transparente, basado en el empleo de restos tostados de carnes.

La elaboración es similar a la del fondo blanco, con la diferencia de que se tuesta la carne o huesos que se vayan a utilizar y que se le añade tomates maduros. La elaboración se realiza de la siguiente manera; en una placa puesta al horno, tostar los elementos de base (carnes o huesos) troceados; retirar la grasa de la placa; añadir los elementos de condimentación frescos,

© Ediciones Rodio

troceados en dados grandes y lavados; dejar que se tuesten; poner los ingredientes con el líquido; retirar la grasa de la placa y añadir el resto de los ingredientes; poner a hervir y espumar durante los primeros minutos; mantener en hervor continuo y lento durante cuatro a diez horas, con espumado constante; colar; desgrasar y utilizar.

Este fondo se utiliza principalmente en la elaboración de la salsa española o "demi-glacé".

A) Consomé clarificado

Es el líquido totalmente desgrasado, muy transparente, basado en carnes y, en raras ocasiones, en pescados. Al no especificarlo se entenderá siempre por consomé el de carnes y clarificado.

Se entiende por "clarificación" a la operación de dar transparencia a un caldo por la adición de ciertos elementos clarificadores y hervor posterior.

Sus elementos básicos pueden ser: caldos o productos cárnicos crudos (si son tostados, de preparación similar a los empleados en el fondo oscuro); de mojado, agua o fondo blanco; de clarificación, clara de huevo batida ligeramente o sin batir, carnes rojas frescas, hortalizas de condimentación, nombradas en orden a su importancia "clarificadora".

Todo alimento sólido desprende, al calentarse dentro de un líquido, una serie de partículas que quedarán en suspensión en el caldo. Cuando estas partículas se trasladan (por la corriente producida al calentarse el líquido) pueden ser atraídas y aglutinadas por ciertas materias. Las materias que mejor cumplen esta misión son la clara de huevo y la sangre contenida en carnes rojas y frescas.

Suele hacerse preparando una especie de masa cruda con las hortalizas de condimentación finamente picadas en "paisana" y bien lavadas, la carne de vaca sin grasa y picada por la máquina y las claras, todo en frío y bien mezclado; añadiendo el caldo o agua fríos, mientras se revuelve bien. Se pone al fuego, revolviendo de cuando en cuando hasta que está a punto de hervir la mezcla; "asustando" con hielo o agua fría cuando rompe el hervor, una, dos o hasta tres veces; dejando a hervor muy lento hasta ver el consomé clarificado y que las materias cárnicas han dado todo su sabor (media hora la carne picada aproximadamente): retirando del fuego y dejando en reposo; pasando un paño humedecido, sin revolver la mezcla; desgrasando con cacillo y papel.

B) Fumet

Es el caldo de aspecto blanquecino y algo transparente, extraído de pescados blancos.

Como base lleva espinas y cabezas de pescados blancos. Los mejores para hacer fumet son: lenguado, merluza, rodaballo, rape, lubina (mejor pequeña), gallos, pescadillas, etc. Como elementos de condimentación lleva: blanco de puerro, cebolla, zumo de limón, laurel, tallos de perejil, pudiendo llevar también vino blanco, tallos de champiñón o su caldo. Como elemento de mojado lleva agua en una proporción de un litro por medio kilo de restos crudos de pescados.

Poner restos troceados con las hortalizas y otros condimentos (picado finamente el que lo requiera) y el agua fría; acercar el recipiente al fuego, después de revolver bien; espumar desde el momento en que empieza el hervor; cocción lenta por espacio de media hora; colado por la estameña humedecida en agua fría; enfriado rápido. El hervor vivo lo enturbia y en algunos casos resulta de color oscuro a causa del vino blanco. El exceso de cebolla le da color amarillo.

Se enrancia fácilmente, por lo que es preferible hacerlo al día para tres días como máximo. También por su facilidad de fermentación, que es identificable por el olor, aspecto turbio y espumilla. Ante la menor sospecha debe ser eliminado, ya que el tipo de microorganismos que producen la descomposición son altamente tóxicos. El recipiente debe ser de material inalterable, para evitar una toma de sabor desagradable.

C) Roux

Puede traducirse este nombre como dorado o rubio. Se define como la mezcla de grasa con una proporción igual o menor de harina, efectuada al calor, empleada exclusivamente en el espesor de determinadas salsas.

© Ediciones Rodio

Se elabora calentando la grasa que casi siempre es mantequilla, luego se añade harina en cantidad ligeramente menor, se rehoga el tiempo que requiera la pasta hasta tomar una tonalidad rubia o dorada (de ahí el nombre), sin dejar de revolver suavemente y a fuego no demasiado fuerte, para evitar que se ennegrezca o agarre; retirar del fuego y dejar enfriar, total o parcialmente, antes de echar el líquido hirviendo. Si la cantidad de harina es mayor que la grasa, no efectúa esta su misión disgregadora, con la posibilidad de formarse grumos. Si el roux está cociendo y se echa el caldo hirviendo, la harina desarrolla su acción demasiado deprisa y pueden formarse grumos.

3. Caldos

Son los líquidos sustanciosos, muy poco espesados o sin espesar. Son el caldo blanco o las marinadas.

3.1. Caldo blanco

Se hace con hortalizas de fácil oxidación. Por un litro de agua utilizaremos un poco de zumo de limón, harina, sal y hortalizas.

Para su elaboración debemos revolver los ingredientes en frío; ir poniendo las hortalizas según se van limpiando; poner a cocer a fuego vivo, revolviendo de cuando en cuando, para evitar que se agarre el caldo y que la hortaliza, al flotar, pueda permanecer sin cubrir; retirar del fuego y dejar enfriar el género, total o parcialmente, dentro de su caldo.

3.2. Marinadas

Son los preparados líquidos utilizados en la pre-elaboración de carnes rojas (principalmente).

© Ediciones Rodio

Su misión es conservar algunas carnes en buenas condiciones higiénicas por más largo tiempo; ablandar antes de su cocinado; aromatizar y dar sabor, y eliminar sabores fuertes.

La marinada se hace poniendo en un recipiente que no transmita sabor a la carne: zanahorias, chalotas, ajo, apio, cebolla, perejil, laurel, tomillo, clavo, pimienta negra, vino tinto (o blanco), vinagre y aceite, se sumerge la pieza de carne sazonada, comprobando que resulta cubierta totalmente; la pieza se cambia de posición a diario o cada dos o tres días; se mantiene el tiempo necesario, que puede ser de una semana o quince días en frío; más días cuanto mayor sea la pieza y menos cuanto más alta sea la temperatura del local. Para el cocinado de la pieza, retirar la carne y cocinarla; se suele emplear la marinada para elaborar la salsa que acompañará a la carne.

Para las piezas de caza, una marinada es casi básica por la dureza de la carne y el sabor tan fuerte que tienen.

4. Salsas básicas

Son los líquidos espesados o "ligados" sustanciosos, cuya misión es realzar el sabor de los alimentos y, en otro caso, ablandarlos y hacerlos de más fácil digestión.

Las salsas básicas nos van a servir de base para realizar otras salsas o pueden ser la propia salsa de un plato. Las principales son:

4.1. Española

Su origen es realmente moderno y fueron sus creadores los cocineros españoles que acompañaron a la emperatriz francesa de origen español Eugenia de Montijo.

© Ediciones Rodio

Se elabora con fondo oscuro y roux, es decir, la salsa española es un fondo oscuro espesado. Puede tener muchas variaciones dependiendo de los ingredientes que añadamos.

4.2. Bechamel

El nombre viene de un título nobiliario francés.

Su composición básica es roux compuesto a partes iguales de harina fuerte de trigo tamizada y mantequilla, leche, nuez moscada rallada, pimienta blanca molida y sal.

Para elaborar una bechamel de espesor medio se emplean 80 gramos de mantequilla, 80 gramos de harina, un litro de leche, sal, pimienta y nuez moscada. Y para realizarla hay que derretir la mantequilla sin cocer; mezclar harina; rehogar diez segundos; apartaremos del fuego un instante para que no esté cociendo y hay que añadir leche hirviendo, reservando una décima parte, mientras se revuelve; añadir sal, pimienta y nuez moscada; cocer de cinco a quince minutos a fuego suave; añadir la leche reservada y, si hiciera falta, colar.

La bechamel, además de utilizarse en ciertos platos italianos, nos sirve para elaborar un plato muy tradicional de la dieta mediterránea y de la cocina española: las croquetas.

4.3. Veloute

Su traducción literal es aterciopelada, suave.

Se hace con fondo blanco o fumet, harina y mantequilla y para su elaboración debemos añadir al roux frío el fondo blanco o fumet hirviendo, reservando una décima parte. Se remueve con varillas al hacer la operación; disuelto el roux, hervir a fuego suave por espacio de cinco a diez minutos; añadir el caldo reservado, si hiciera falta; colar o pasar por la estameña a un recipiente de material inalterable engrasado con mantequilla; enfriar revolviendo de cuando en cuando; cubrir con una pequeña película de mantequilla derretida.

Se emplea generalmente para elaboraciones de salsas derivadas.

4.4. Tomate

Este nombre engloba varios tipos de salsas basadas en el empleo de tomate maduro. Su elaboración y aplicaciones no difieren básicamente en la composición.

Se hace con un kilo de tomates maduros frescos o de conserva, 20 gramos aproximadamente de harina, media cucharadita de pimentón dulce, dos dientes de ajo aproximadamente, pelados y machacados, 250 gramos de cebolla fileteada, un decilitro de aceite, una hoja de laurel, azúcar y sal. Y para su elaboración hay que rehogar cebolla y ajo en aceite; añadir harina y pimentón y rehogar ligeramente; añadir tomates troceados, laurel, sal y azúcar; revolviendo sin parar, dejar que empiece la cocción; mantener la cocción a fuego suave durante media a una hora; triturar o pasar por el pasapurés y pasar por el colador de tela metálica o chino fino; rectificar de sal y azúcar, según sea preciso.

Se emplea en elaboraciones de salsas derivadas.

4.5. Mahonesa

Su origen se remonta a la visita histórica a Mahón, entonces en poder de Francia, de un gobernante francés (se dice que fue el cardenal Richelieu). A su regreso, el cocinero que acompañaba al cardenal dio a conocer esta salsa, que llamó mahonesa por su procedencia.

Su composición básica es: un litro de aceite de oliva fino; cuatro yemas de huevo; un cuarto de decilitro de vinagre (se puede sustituir por limón), aproximadamente (según fuerza del vinagre); sal fina; una cucharada aproximadamente de agua o caldo y para elaborarlo debemos incorporar a la mezcla de yemas y vinagre, batiendo bien, el aceite en chorro fino; terminado el aceite, se pone la sal en el centro de la salsa, en un pequeño montón; sobre esta se echa el caldo o agua hirviendo; se revuelve bien todo.

© Ediciones Rodio

Sirve para multitud de elaboraciones pero quizá el plato más conocido donde se utiliza sea la ensaladilla rusa.

4.6. Salsa holandesa

Su composición es mantequilla, yemas de huevo, zumo de limón y sal. Vamos a explicar tres formas de hacerla:

1.º Se montan las yemas al baño maría con el zumo de limón y, sin retirar de dicho baño maría, se va echando la mantequilla blanda pero sólida, en pequeños trozos y dejando espesar la salsa antes de añadir la siguiente porción; se sazona y se mantiene en lugar templado. Resulta poco consistente, más suave de sabor y de más difícil corte.

2.º A las yemas, zumo de limón y agua montados al calor, fuera del fuego, incorporamos la mantequilla purificada en chorro fino, mientras se bate enérgicamente; se sazona y se mantiene en lugar templado. Resulta así más consistente, más sabrosa y de más fácil corte.

3.º A las yemas montadas al calor con el zumo de limón, fuera del fuego, se añade la mantequilla derretida sin purificar, incorporándola en chorro fino, mientras se bate enérgicamente; se sazona y mantiene en lugar templado. Puede considerarse como un término medio en todo de los métodos de elaboración anteriores.

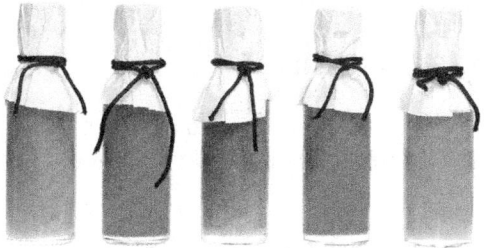

Sirve principalmente para acompañar pescados y hortalizas hervidas.

4.7. Salsa bearnesa

Su nombre proviene de un territorio francés llamado "Bearne".

Se compone de vinagre de estragón, chalota picada, yemas de huevo, mantequilla, sal, pimienta y perejil picado. Para elaborarla debemos reducir la mezcla de chalota y vinagre de estragón hasta que quede casi seca; añadir una cucharada de agua fría y las yemas; montar las yemas al fuego suave y retirar del fuego; añadir la mantequilla purificada, total o parcialmente, en chorro fino, mientras se bate enérgicamente; pasar por la estameña y añadir sal, pimienta y perejil picado; mantener en lugar templado sin pasar de los 55°.

Sirve para acompañar carnes y pescados a la parrilla.

4.8. Salsa vinagreta

Es una salsa que incluye en su composición tres partes de aceite de oliva refinado y una parte de vinagre de vino. Se le suele añadir sal y un toque de mostaza, se bate fuertemente y es un excelente aliño para ensaladas y ensaladillas.

¡Recuerda!

- Las elaboraciones básicas son los cimientos de un buen trabajo.
- Los fondos fundamentales son: fondo blanco, oscuro, consomé, roux y fumet.
- Los caldos son líquidos con mucho sabor.
- Debemos saber hacer las salsas básicas.

5. Guarniciones sencillas

Se entiende por guarnición el preparado simple o compuesto hecho de forma independiente del género principal, que cumple la misión de complementario.

Para cumplir mejor su misión debe:

a) Mejorar el sabor. Se buscarán elementos que combinen con el elemento principal; así, una hortaliza combinará bien con una carne porque son sabores que se complementan.

b) Mejorar el aspecto. Para mejorar el aspecto ha de tenerse en cuenta la combinación de colores, forma y situación, así como también que su volumen no oscurezca al género principal.

c) Complementar el valor nutritivo. Para que un plato reúna la adecuación nutritiva, la mejor guarnición será la de signo opuesto al género principal; este es el caso de la carne (alimento proteico o plástico), que combina perfectamente con vegetales (vitamínicos y reguladores).

Las guarniciones pueden ser simples o compuestas:

© Ediciones Rodio

5.1. Guarniciones simples

Se entiende por guarnición simple aquella que consta de un solo tipo de género que puede ser aplicado a distintas clases de alimentos: pescados, carnes, huevos, etc. Las más importantes podemos dividirlas en de patata, de arroz, de pasta y elementos harinosos y de hortalizas.

A) De patata

Son las guarniciones que emplean las patatas como elemento principal y que, según la forma básica de elaboración, pueden ser: fritas, hervidas, salteadas y risotadas; algunas de ellas participan en dos formas a la vez.

Fritas

Las **fritas** son aquellas que se cocinan sumergiéndolas en grasa o aceite hasta su total cocinado, debiendo quedar bien doradas. En España la clase más común es el aceite, especialmente el de oliva, de graduación generalmente alta. La cantidad de aceite que se emplea será adecuada a la cantidad de patatas por freír en cada "tanda". También la temperatura será la apropiada a dicha cantidad. Puede decirse, con aproximación, que en 5 litros de aceite se puede freír 2 kilos de patatas cortadas a la española y medio kilo de patatas cortadas en paja. La inmersión de las patatas cortadas delgadas en el aceite caliente debe ser hecha en dos o tres veces para evitar el derrame del aceite. En general, las patatas fritas se emplean para acompañar carnes a la parrilla, a la sartén o al horno y huevos fritos o a la sartén, etc. Dependiendo de la forma y el tamaño podemos encontrar patatas:

- *Pajas*. Muy delgadas, con aspecto igual al de la paja. Se fríen cuidando que estén recién lavadas, muy escurridas, y que la introducción en el aceite se haga en dos o tres veces. Se emplean como acompañamiento de fritos, especialmente empanados. Pueden freírse para varios días.

- *Cerilla*. Algo más gruesas que las cortadas en paja, parecida a la gruesa cerilla de madera. Se fríen en el momento de ser utilizadas y son muy empleadas en carnes a la parrilla.

- *Bastón*. Son el doble de gruesas que las cortadas en cerilla. Se fríen poco antes de ser servidas.

- *Española*. Requiere previo "cuadrado" de la patata antes de cortar en rectángulos de grueso y largo, similar al dedo meñique. Son las preferidas en España para acompañar a los huevos fritos a la española, carnes a la parrilla o a la sartén. Se ablandan antes de su utilización y se les da el "golpe" justo en el momento de servir.

- *Puente nuevo*. Es la forma más gruesa de las patatas rectangulares. Son las más empleadas para acompañar a los platos de carnes de presentación esmerada.

- *Chips*. Son lonchas muy delgadas cortadas a máquina, que se emplean especialmente como aperitivo y carnes a la parrilla o asadas. Se pueden hacer para varios días.

- *Rejilla*. Se cortan con la máquina mediante movimientos de inversión de postura de la patata, lo que da lugar a una patata en forma de tela metálica. Pueden guardarse para varios días. Son muy empleadas para carnes a la parrilla.

- *Soufflés*. Su traducción "hinchadas" indica que la patata ha de ser presentada en forma de globo. Cortadas en lonchas de tres milímetros de grueso, se fríen poco doradas en una primera sartén, agitando esta y pasándolas por un segundo aceite más caliente a fin de que se hinchen. El "golpe" final se dará justo en el momento de servir. Son las más delicadas entre las patatas fritas; se sirven con platos de carne a la parrilla o a la sartén de alta cocina. La patata debe ser de un tamaño regular, de gran calidad, no nueva, ni húmeda y sin señal de retoño. Después de cortada no debe ser lavada, pero sí secada.

Hervidas

Las **hervidas** son las patatas sometidas a una total cocción en agua. Las más importantes formas de elaboración son: vapor y en puré. La versión antigua de preparación es la que les ha dado el nombre a las patatas vapor, y consistía en pelar y tornear, en casos, pequeñas patatas y cocerlas en ollas especiales, en las cuales la patata reposaba en una rejilla situada sobre agua hirviendo, pero no en contacto con ella. De esta forma, la patata no aumentaba su contenido en agua, más bien lo disminuía. Actualmente, la patata se hierve en agua con sal, para escurrirla en el momento de utilizarla.

© Ediciones Rodio

Su forma y tamaño recuerdan al huevo de alrededor de 55 gramos. Tiene gran número de aplicaciones, especialmente en pescados, fritos, a la molinera y hervidos; también en guisados de carnes troceadas y hortalizas hervidas. Se cocinan para cada "servicio" o en el último momento.

Las patatas en puré son las que, después de ser cocinadas, son tamizadas y convertidas en una mezcla suave con la adición de elementos grasos, generalmente mantequilla. Las dos más importantes son el puré parmentier y duquesa:

- *Puré Parmentier. E*s el compuesto de mantequilla, leche, además de la patata tamizada. Su nombre hace honor al verdadero divulgador de la patata. Guarnece carnes asadas o braseadas, especialmente las servidas en carro. Toda cocina debe tener previsto siempre algo de puré Parmentier o la posibilidad de hacerlo, puesto que es muy solicitado por personas muy delicadas, niños, etc., y también porque permite la posibilidad de preparar cremas de distintas clases.

- *Patata duquesa.* Es un puré seco con composición de mantequilla, sal, pimienta blanca molida, nuez moscada rallada, huevos enteros o yemas y patatas tamizadas.

Salteadas

Las patatas **salteadas** son las hervidas con su piel, que, después de enfriarse ligeramente, se pelan y cortan en rodajas gruesas. Seguidamente son salteadas con aceite y mantequilla para dorarlas ligeramente y sazonarlas con sal y perejil picado.

Son la guarnición perfecta para carnes empanadas, salteadas o asadas.

Risoladas

Las patatas **risoladas** son aquellas que van peladas, blanqueadas y finalmente doradas, hasta su total cocinado, con grasa.

La forma de elaborarlas es: cortar o tornear patatas; cubrir de agua fría con sal; dar un solo hervor; escurrir, ponerlas sobre placa o sartén caliente con la grasa; llevarlas al horno hasta que queden doradas y tiernas; en algunos casos, espolvorearlas con perejil picado.

En general se emplean con carnes asadas al horno, a la parrilla o a la sartén.

B) De arroz

Las dos clases de guarnición de arroz más importantes son el arroz "pilaw" y el arroz blanco.

Arroz "pilaw"

El **arroz "pilaw"** es de origen turco, tiene una elaboración característica, con empleo de recipientes especiales que permiten cocerlo con muy poca agua. La cocina internacional lo elabora rehogando en mantequilla, sin llegar a dorar, cebolla, luego se añade el arroz y se revuelve para que resulte ligeramente engrasado. Se añade después el caldo hirviendo, sazonado y poniendo el ramillete guarnecido, y se deja cocer por un tiempo de entre dieciocho y veinte minutos. Puede añadirse al final algo de mantequilla al revolverlo, cuando no es para uso inmediato.

Es una excelente guarnición para huevos, especialmente fritos, escalfados y mollets; ciertos pescados en salsa, especialmente los hechos a la americana; chipirones o calamares en su tinta; carnes en salsa como estofados, salteadas, especialmente blanquetas; platos de ave con salsa blanca, como poularde, con salsa suprema; despojos hechos en salsa, riñones, hígado, mollejas.

Arroz blanco

El **arroz blanco** es el arroz hervido en agua salada, refrescado y escurrido posteriormente y de color perfectamente blanco.

Se utiliza como guarnición en los mismos casos que el arroz pilaw o se utiliza también como guarnición de sopas, cremas, potajes; en ocasiones, calentado al natural en el horno. También para guarniciones de otro tipo o como acompañamiento de una comida sustituyendo el pan.

C) De pasta

Son las guarniciones hechas de pastas italianas frescas o secas. También se incluyen los ñoquis.

Las pastas más empleadas son: espaguetis y nouilles que acompañan especialmente a algunos platos de carnes, siempre de origen italiano: escalope a la milanesa, osobuco, escalopines.

Los ñoquis romana son para acompañar carnes en salsa, estofados, braseados, aves asadas, carnes a la sartén, etc. Los ñoquis parisién son los de pasta choux o puré duquesa para carnes en salsa.

© Ediciones Rodio

También podemos encontrarlos como fideos y otras pastas que hervidas sirven como guarnición de sopas, cremas y consomés, bien cociéndolas separadamente del caldo o bien hirviéndolas dentro de un mismo caldo.

D) De hortalizas

Se alude al empleo como guarnición simple de una sola clase de hortaliza que puede ir preparada en ensalada, frita, hervida-rehogada o salteada.

Ensalada

Las hortalizas que se usan en **ensalada** pueden ser hortalizas crudas o cocinadas, servidas en un plato aparte, que van sazonadas. Entre las cocinadas citaremos: patatas, zanahorias, remolachas, alcachofas, espárragos. Tienen una aplicación principal en los platos fríos de huevos, pescados y excepcionalmente en carnes. Entre las crudas destacan: lechugas, tomates, apio, zanahorias, endivias, con empleo en platos de carne fría; en algunos casos calientes, asadas al horno o a la parrilla.

Fritas

Las **fritas** están constituidas principalmente por las hortalizas de frutos: berenjenas, calabacines, pimientos, con aplicación principal en platos de carnes a la parrilla, a la sartén o asada al horno.

Hervidas o rehogadas

Las hortalizas **hervidas o rehogadas** incluyen especialmente las de hojas o semillas, aunque prácticamente pueden utilizarse toda clase de hortalizas. Como más comunes pueden citarse: judías verdes, guisantes, espinacas, alcachofas, coliflor, etc., con aplicación principal en platos de carne hechos a la sartén o a la parrilla, y asados al horno; también estofados y otras carnes en salsa.

Salteadas

Las **salteadas** son aquellas que, limpias y cortadas en trozos, se cocinan dorándolas con algo de grasa. Las más empleadas son: calabacín, berenjena, pimiento, etc. Se emplean especialmente en platos de huevos y carnes.

5.2. Guarniciones compuestas

Son las guarniciones en las que entran diversidad de artículos que forman un conjunto. Como por ejemplo, el panaché que es un plato compuesto de varias hortalizas de colores distintos (rojos, blanco y verde, generalmente), dispuestas en grupos por colores, que van cocinadas, hervidas y rehogadas.

En este plato es importante el contraste de colores y el torneado y buen corte de las hortalizas. Se utiliza como acompañamiento de platos de carne, casi siempre asadas o braseadas.

¡Recuerda!

– Las guarniciones pueden ser simples o compuestas.

– Las guarniciones simples son de un solo tipo de género.

– Pueden ser de patata, de arroz, de pasta y elementos harinosos, y de hortalizas.

– Las guarniciones compuestas son de varios tipos de género formando un conjunto.

© Ediciones Rodio

Capítulo 2

Realización de elaboraciones elementales de cocina

Rodio
ediciones

Índice

1. **Sopas**

   1.1. Pucheros y consomés

   1.2. Sopas de verdura

   1.3. Cremas

2. **Huevos**

   2.1. Al agua (a la cocque)

   2.2. Al plato

   2.3. En cocotte

   2.4. Duros

   2.5. Fritos

   2.6. Moldeados

   2.7. Pochés y mollets

   2.8. Revueltos

   2.9. Tortillas

3. **Pescados**

   3.1. Pescados hervidos

   3.2. Pescados asados o a la parrilla

   3.3. Pescados braseados

   3.4. Pescados fritos

   3.5. Pescados meunière

   3.6. Filetes de pescado pochés

   3.7. Pescados cocidos a la Maître d´Hôtel

4. **Carnes**

   4.1. Piezas grandes

   4.2. Piezas pequeñas

   4.3. Despojos

5. **Legumbres y verduras**

   5.1. Verduras

   5.2. Legumbres

© Ediciones Rodio

En este apartado daremos muchos consejos sobre una correcta elaboración de materias primas una vez que sepamos la receta.

1. Sopas

1.1. Pucheros y consomés

Al hablar de los fondos de cocina hemos descrito la fórmula de la preparación de los caldos o consomés y la clarificación de los mismos. Sin embargo, es de recomendar al futuro cocinero que debemos tener mucha atención a la hora de elaborarlos. Es recomendable lavar las carnes o huesos y las legumbres y poner a hervir con agua fría o tibia (nunca con agua muy caliente).

Las legumbres o aromáticos no deben dominar unos más que otros. Al momento que van a hervir, no abandonarla; espumarla de continuo hasta su completa depuración y luego salar poco. Si hacemos poca cantidad debemos estar más atentos aún que si lo hacemos en una marmita grande.

En multitud de restaurantes, hoteles y hospitales, se prepara un caldo fresco de la mañana que nos sirve como caldo en sí y para "mojar" multitud de productos. Este caldo debe alcanzar un sabor agradable, como un caldo familiar y se sirve algo gordo (consistente), de color ámbar claro y limpio.

Del caldo sobrante de la mañana es costumbre marcar el consomé especial para el servicio de la noche, y del cual se reservará una cantidad para frío. Hoy es costumbre en todos los restaurantes tener consomé frío que se sirven en tazas bien frías.

Existen unos consomés especiales que siempre van servidos en taza, sean calientes, sean fríos y no admiten ninguna clase de guarnición. Perfectos, con mucho sabor y limpios. Se obtienen por las mismas fórmulas que los otros; solamente es necesario agregar un poco más de carne triturada para la clarificación, y añadir a esta clarificación una cantidad determinada del elemento aromático que debe caracterizar al consomé.

Los consomés servidos fríos deben ofrecer el aspecto de una jalea muy liviana, con fondo y apenas cuajada, de lo contrario, son desagradables.

1.2. Sopas de verdura

Con estos nombres son clasificadas las sopas de verdura combinadas, y son mojadas con agua, leche o caldo blanco. Antes de mojarlas, casi todas se hacen sudar con manteca. Esta operación necesita que las verduras se braseen un poco, dándoles un realce de sabor.

Cocinarlas hasta la mitad de su cocción a fuego fuerte y terminarlas de cocinar a fuego moderado, destapadas y tan solo el tiempo necesario para su cocción. Al estar cocidas no deben hervir más y debemos tener cuidado de que las legumbres queden con su color natural.

1.3. Cremas

Estas sopas toman el nombre de crema cuando son ligadas solamente con nata y cuando son ligadas con nata y yemas de huevo se llaman "velouté". Tanto las unas como las otras, una vez puestas a punto final, no deben hervir más.

La base de una crema o velouté casi siempre es un roux mojado con fondo blanco o media leche, o con un fumet de pescado con adicción o sin ella de un puré, o simplemente hechas de un puré de legumbres o del elemento principal adicionado de blanco de puerro y cebolla rehogados.

Se marcan y se sazonan en relación con la base de la sopa. Después se pasan por el colador chino o estameña y se hacen hervir. A última hora se ligan.

2. Huevos

2.1. Al agua (a la cocque)

Tenemos dos fórmulas para hacerlo: o poner los huevos al agua hirviendo y el tiempo de cocción será de 2 a 3 minutos o poner los huevos en agua fría,

© Ediciones Rodio

llevarla vivamente hasta la ebullición y retirar ½ minuto después de que se haya producido la ebullición.

2.2. Al plato

Poner dentro de un plato de metal para huevos un poco de manteca o aceite (según la preparación). Calentar. Romper los huevos y cocinarlos sobre la plancha o al horno. Retirarlos en el momento que la clara esté casi cuajada.

2.3. En cocotte

Untar de manteca el interior de las cocottes (moldecitos de porcelana). Romper un huevo por cada cocotte. Colocarlos dentro de una sartén o cazo con un centímetro de agua caliente. Tapar y cocinar al baño María sobre la plancha o al horno. Retirarlos cuando la clara esté casi cocida.

2.4. Duros

Hacer hervir el agua y poner los huevos a cocinar. Contar 8 minutos desde que empieza a hervir y por último refrescar. Un pequeño truco que se usa es añadir un poco de sal al agua hirviendo para poder pelar los huevos con mayor facilidad.

2.5. Fritos

Podemos hacerlos de tres maneras:

1. A la española. Freír al aceite bien caliente rociándolos de aceite con ayuda de una espátula mientras se van cocinando.

2. A la parisienne. Al aceite bien caliente, de a uno a la vez y se les da la forma del huevo entero con la ayuda de una cuchara o espátula. Esta operación debe ser muy rápida.

3. A la manteca de un lado o de los dos.

2.6. Moldeados

Romper un huevo dentro de un molde bien untado de manteca y no importa la forma. Operar como un huevo cocotte y dejar cinco minutos de cocción más o menos. Antes de desmoldarlos, dejarlos descansar dos minutos.

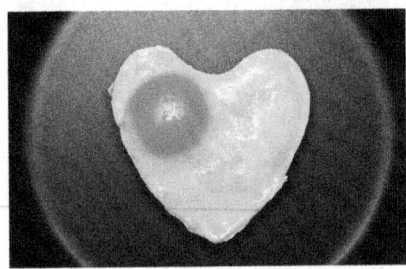

2.7. Pochés y mollets

Para los huevos pochés debemos poner a hervir agua sin sal dentro de una sartén honda. Añadimos un poco de vinagre blanco o jugo de limón para acidularla. Cuando empiece a hervir, y sin dejarle perder el hervor despacio, romper los huevos y dejarlos caer dentro del agua. Cocinar dos minutos más o menos, hasta que la clara esté cocida y la yema cruda. Sacarlos con una espumadera de alambre y refrescarlos inmediatamente. Por último, recortar las partes inútiles de la clara.

Un truco es pasar los huevos dentro de un canasto de alambre para poderlos sacar todos a la vez, por agua casi hirviendo 30 segundos. Esta operación evita que al hacerlos, la clara se desparrame en el agua.

© Ediciones Rodio

Para los huevos mollets, poner una cantidad de huevos a cocinar dentro de agua hirviendo y dentro de un canasto de alambre. Cocinar 5 minutos, poco más o menos y refrescarlos inmediatamente. Una vez fríos sacar la cáscara.

La palabra mollet quiere decir blando, así que la yema debe quedar cruda igual que los pochés.

2.8. Revueltos

Romper los huevos, sazonarlos de sal y pimienta. Batirlos y ponerlos a cocinar dentro de una sartén con manteca o aceite al baño María o sobre la plancha de la cocina. Removerlos con una espátula y batirlos de vez en cuando hasta convertirlos en pasta floja y lisa. Terminarlos fuera del fuego agregando manteca y nata.

2.9. Tortillas

Los huevos batidos, sazonados de sal y un poco de pimienta, ponerlos a la sartén con manteca o aceite (según la receta) bastante caliente. Dar un movimiento de vaivén a la sartén y con la ayuda de un tenedor revolverlos. Dejarlos cuajar un poco y enrollar empezando por la parte de la cola de la sartén. Dar dos o tres golpes a la cola para despegarla. Juntar los dos labios de la tortilla. Dejar tomar un poco de color y desmoldarla.

Toda esta operación debe hacerse con maestría y rapidez.

3. Pescados

3.1. Pescados hervidos

Todo pescado se pone a hervir con el agua fría, menos langostas, langostinos, gambas y centollos que deben incorporarse cuando el agua está hirviendo.

Los pescados puestos a hervir con el agua fría se deben retirar a los 2 minutos de hervir y mantenerlos a una temperatura de 95 grados.

La mayoría de los pescados hervidos se sirven sobre servilleta con tajadas de limón, ramas de perejil bien verde y patatas naturales. Las salsas van aparte.

3.2. Pescados asados o a la parrilla

Una vez limpio y sacada toda la escama, se sazona, se unta con aceite, se empolva con un poco de harina y se pone sobre la parrilla bien caliente, limpia y también untada de aceite. A los pescados un poco grandes se les hace una incisión a lo largo o a través de los lomos. Durante su cocción se rocían de vez en cuando de aceite, hasta estar cocidos los dos lados. Generalmente se sirven tal cual, acompañados de patatas naturales y de alguna salsa apropiada.

3.3. Pescados braseados

Este modo de cocinar los pescados solo se aplica a los pescados grandes y enteros como salmón. Para ciertas preparaciones de presentación una parte de su piel del lomo es sacada a crudo, y la parte descubierta es mechada. En este caso, la parte mechada es cubierta de tocino para preservarla de la acción directa del fuego. Sazonar y poner a brasear sobre rejilla de metal, la cual descansará sobre una base de verduras salteadas, todo ello puesto dentro de una brasera. Se moja de vez en cuando con su mismo fondo perfumado con un vino. Generalmente se sirven sobre fuente ovalada, y alguna vez sobre un zócalo (espejo), rodeado de su correspondiente guarnición y napado (bañado) de una salsa adicionada del fondo reducido.

Este método se utilizaba en los hoteles como presentación de grandes banquetes. Hoy en día es raro ver cocinar y presentar un pescado de gran tamaño entero.

3.4. Pescados fritos

Todo pescado debe freírse con aceite. La grasa da un sabor desagradable. Da igual si enteros, en pedazos o en filetes, se pasan por leche adicionada de un poco de huevo batido y luego por harina y se fríen a gran fritura (con mucho aceite en relación con el pescado). Si el pescado es grande se le hace una incisión a lo largo o a través del lomo, poniéndolo a freír en aceite menos caliente que los pescados pequeños. Salar después de fritos y servir sobre servilleta con tajadas de limón y perejil frito.

© Ediciones Rodio

3.5. Pescados meunière

Para esta preparación lo máximo de su peso debe ser de 300 a 350 gramos. Hay que sazonarlos de sal y pimienta, pasar por la leche adicionada de un poco de huevo batido y luego por harina y freír a la sartén con manteca clarificada. Una vez sobre la fuente, verter por encima jugo de limón, perejil y manteca. Servir con patatas naturales y rodajas de limón.

De esta particular forma se prepara el lenguado meunière que tanto habréis visto o incluso comido.

3.6. Filetes de pescado pochés

Preparar los filetes o lomos. Sazonarlos y colocarlos tal cual o un poco doblados sobre una fuente o placa untada con bastante aceite, jugo de limón y algo de fumet de pescado o un vaso de vino blanco seco, si la receta lo indica. Cubrir con un papel untado en aceite y pochar al horno.

3.7. Pescados cocidos a la Maître d´ Hôtel

Sea en filetes, enteros, o en trozos, sazonar de sal, pimienta blanca y jugo de limón. Poner sobre una fuente untada en aceite y por encima aceite y un poco de agua. Cocinar a horno bastante fuerte. Reducir la cocción y montar con manteca y jugo de limón sobre el fuego moviendo continuamente el utensilio hasta darle un punto cuajado. Agregar perejil picado.

Hay diferentes formas de preparar un pescado dependiendo de su naturaleza, por ejemplo el bacalao se pone en remojo con agua fresca durante 12 horas y se cambia el agua tres veces, los calamares suelen llevar arena y no podemos olvidar sacar el pequeño huesecillo y lavarlos antes de emplearlos, las gambas se hacen hervir con agua y sal cuando está hirviendo el agua, etc.

4. Carnes

Hay muchos métodos para cocinar las carnes y el método elegido va a depender en gran medida del plato que queramos elaborar pero también es muy importante tener en cuenta el tamaño de la pieza.

4.1. Piezas grandes

Las piezas de carne que tengan un tamaño considerado normalmente se hacen al horno para conseguir cocerla en su totalidad.

Generalmente el método a seguir es obturar la carne a la plancha, es decir, colocamos la pieza en una plancha muy caliente y le vamos dando vueltas hasta conseguir que toda la pieza haya estado en contacto con la plancha. Al colocarla sobre la plancha y tostarla, cerramos los poros de la pieza evitando que pierda el jugo interno y consiguiendo que la carne esté más jugosa a la hora de cocinarla al horno.

Una vez obturada, la colocamos en una brasera con aromáticos, hortalizas y vino o fondo y la introducimos en el horno a la temperatura requerida según la receta. Es importante que controlemos en todo momento el asado, y muy aconsejado que utilicemos el jugo que suelta la carne junto con el caldo y hortalizas, para ir bañando la pieza con el fin de evitar que se reseque.

Generalmente la mezcla de jugo, hortalizas y aromáticos que quedan depositados en la brasera, sirve para realizar la salsa que acompañará a esa carne.

4.2. Piezas pequeñas

Las piezas de carne pequeñas tienen varios métodos de cocinado como el salteado, hacerlas a la plancha, a la parrilla, etc., pero debemos tener en cuenta que en todos estos métodos es muy importante que el fuego sea vivo para conseguir cerrar los poros de la carne y que esta no se "cueza" perdiendo así el jugo donde se concentran todas las propiedades nutritivas y el sabor.

Tanto las piezas grandes como las pequeñas pueden ser tratadas para conseguir mejorar la calidad y su ternura al degustarla. Marinar las piezas, rellenar-

© Ediciones Rodio

las de una farsa o mechar la carne son métodos muy prácticos para conseguir mejorar el resultado de la preparación.

4.3. Despojos

Se conocen con el nombre de despojos piezas como las mollejas, los sesos, el hígado, etc. Afortunadamente, muchos de estos trozos se cuentan entre los más económicos. Si bien algunos, especialmente los de ternera, pueden alcanzar un precio más elevado, no es necesario comprar más que una pequeña cantidad, gracias a su rico sabor y a su falta de huesos; en cuanto a los de animales más baratos, también son muy sabrosos. Sea cual fuere el tipo que se compre, hay que estar seguro de que los despojos son muy frescos y cocinarlos tan pronto como sea posible.

Generalmente se ponen a desangrar en agua fresca y luego se blanquean como en el caso de las mollejas (después habrá que quitarles la telita que es su epidermis) o se cocinan en agua con aromáticos como en el caso de los pies de cerdo.

5. Legumbres y verduras

5.1. Verduras

Las verduras admiten muchas preparaciones distintas. Algunas se pueden comer crudas pero también se pueden hacer cocidas, a la plancha, a la parrilla. En todas hay un elemento común que es suprimir lo inutilizable, es decir, hay que limpiarlas muy bien y eliminar aquellos elementos o partes que no sean comestibles.

Cada verdura tiene su tiempo de cocinado dependiendo también del tamaño pero debemos tener en cuenta que hay verduras que son muy fáciles de oxidar por lo que tendremos que añadir limón al líquido de la cocción o cortarlas justo antes de cocinarlas (por ejemplo: a la parrilla).

5.2. Legumbres

Las legumbres deben limpiarse con sumo cuidado y eliminar aquellas que no nos den garantía. Se ponen en remojo unas horas antes de cocinarlas y se suelen cocer con agua, sal y aromáticos.

Debemos vigilar en todo momento la cocción y apartar en el momento justo en el que estén tiernas. En el caso de los garbanzos, estos no pueden perder el hervor hasta estar cocidos, por eso si necesitamos añadir agua porque nos hemos quedado cortos, añadiremos agua caliente.

© Ediciones Rodio

Capítulo 3

Participación en la mejora de la calidad

Índice

Participación en la mejora de la calidad

© Ediciones Rodio

Participación en la mejora de la calidad

Un buen cocinero que se precie busca siempre la excelencia y realizar una obra de arte con una receta. Es lógico, por tanto, que si podemos mejorar una materia prima con el fin de realizar un plato perfecto, utilicemos esa técnica para conseguirlo.

Hemos hablado en capítulos anteriores de las condiciones que deben tener los locales, maquinaria, utensilios, de la correcta manipulación de los alimentos, de los análisis de peligros y puntos críticos de control, etc. Todo ello unido a una formación adecuada y conocimiento de técnicas de cocina hará que podamos conseguir el resultado perfecto a la hora de elaborar un plato.

Estamos obligados en todo momento a actuar mejorando la calidad de un alimento o realizando sus cualidades, así como en evitar, en la medida que sea posible, su deterioro.

– Las sopas y cremas requieren atención a la hora de cocinarlas.

– Existen diversas formas de cocinar huevos.

– Dependiendo de la receta y del tamaño, podemos cocinar pescados de una u otra forma.

– Debemos conocer distintas formas de cocinar carne.

– Hay que limpiar bien las verduras y eliminar las partes no comestibles.

– Las legumbres se ponen en remojo antes de cocinarlas.

– Intentar mejorar la calidad de los alimentos en todo momento.

Actividades

1. Responde a las siguientes cuestiones:

1. ¿Podemos hacer un buen trabajo si no sabemos hacer buenos fondos?

a) Solo si somos jefes de cocina.

b) De los fondos se encarga el jefe de partida de frío.

c) Definitivamente no.

d) Lo importante es saber hacer buenas salsas compuestas.

2. El fondo blanco es:

a) El caldo de la cocción de pescados.

b) El caldo de la cocción de restos de carne y hortalizas.

c) El caldo de la cocción de buey.

d) Una de las salsas básicas.

3. ¿Qué tiene de particular el fondo oscuro?

a) Que la carne y huesos se tuestan.

b) Que el pescado que se utiliza es de roca.

c) Que es muy reducido.

d) Que se pone a hervir durante poco tiempo.

4. El fumet se hace con:

a) Hortalizas.

b) Carnes blancas.

c) Carnes rojas.

d) Pescados.

5. El roux nos sirve para:

a) Acompañar salsas.

b) Elaborar guarniciones.

c) Obtener fumet.

d) Espesar.

6. Para conseguir que una carne roja o de caza sea más blanda, ¿qué debemos hacer?

a) Bridarla.

b) Mecharla.

c) Marinarla.

d) Fondearla.

7. ¿Qué es la salsa española?

a) Una salsa descubierta en Mahón.

b) Una salsa para pescados.

c) Un fondo oscuro espeso.

d) Un fumet de pescado.

8. Las croquetas se hacen con:

a) Bechamel.

b) Holandesa.

c) Bearnesa.

d) Veloute.

9. La bearnesa es una salsa ideal para:

a) Carnes de caza.

b) Pescados fríos.

c) Aves y mariscos.

d) Carnes y pescados parrilla.

10. Utilizamos la vinagreta en:

a) Fumets.

b) Fondos oscuros.

c) Caldos blancos.

d) Ensaladas.

11. Una guarnición pretende mejorar:

a) Sabor, aroma y valor nutritivo.

b) Sabor, textura y valor nutritivo.

© Ediciones Rodio

c) Sabor, aspecto y valor nutritivo.

d) Aroma y valor nutritivo.

12. Las patatas pajas se cortan:

a) Cuadrándolas primero.

b) Delgadas.

c) Redondas.

d) Como las patatas puente nuevo.

13. Las patatas españolas son ideales para:

a) Huevos fritos y carnes parrilla.

b) Ensaladas.

c) Pescados al vapor.

d) Filetes empanados.

14. ¿Cómo son las patatas soufflés?

a) Alargadas.

b) Del tamaño de un botón.

c) Hinchadas.

d) Poco hechas.

15. El puré parmentier es una guarnición que corresponde a las patatas fritas:

a) Verdadero.

b) Corresponde a las hortalizas fritas.

c) Corresponde a las patatas salteadas.

d) Falso.

16. El arroz pilaw se elabora con:

a) Ajo, huevo y sal.

b) Mantequilla, cebolla y caldo.

c) Mantequilla, huevo y fumet.

d) Mantequilla y ajo.

17. La pasta, como guarnición, siempre va independiente del género principal:

a) Verdadero.

b) Normalmente se pone en un plato aparte.

c) Puede ir también mezclado con el género principal como en las sopas.

d) Siempre va mezclado.

18. Las patatas salteadas son la guarnición perfecta de:

a) Carnes de caza.

b) Pescados y mariscos.

c) Aves.

d) Carnes empanadas, salteadas o asadas.

19. Risoladas es una guarnición de patatas:

a) Es de pasta y elementos harinosos.

b) Es de hortalizas.

c) Es de arroz.

d) Sí, es de patatas.

20. ¿Las guarniciones compuestas son platos con más de tres guarniciones?

a) Solamente tres.

b) Verdadero.

c) Cuantas más guarniciones, más compuesta es.

d) Son diversos artículos que forman un conjunto.

21. Para hacer un puchero debemos poner a hervir con agua:

a) Caliente.

b) Y hielo.

c) Fría o tibia.

d) Con abundante sal.

22. ¿Cómo se ligan las cremas?

a) Con maicena.

b) Con harina.

© Ediciones Rodio

c) Con nata.

d) Con fondo oscuro.

23. Los huevos cocotte se hacen al baño María:

a) Verdadero.

b) Falso.

c) Así se hacen los huevos parisienne.

d) Los huevos cocotte son crudos.

24. Los huevos fritos a la española se hacen dándoles vueltas con una cuchara:

a) Así se hacen los huevos parisienne.

b) Así se hacen los huevos revueltos.

c) No existe esa receta.

d) Así se hacen los huevos para tortilla.

25. ¿Qué clase de pescados son los que se brasean?

a) Los de roca.

b) Los grandes.

c) Los de 300 a 350 gramos.

d) Los meunière.

26. El pescado meunière se fríe a la sartén con:

a) Aceite de girasol.

b) Aceite de oliva.

c) Sal y pimienta.

d) Manteca clarificada.

27. Las piezas grandes de carne se suelen hacer en:

a) Barbacoa.

b) En la plancha.

c) En sartén del tamaño indicado.

d) En brasera y al horno.

28. ¿Para qué obturamos una carne?

a) Para realzar el sabor.

b) Para tapar poros y no perder jugos.

c) Para darles color.

d) Porque es costumbre.

29. A los garbanzos en cocción se les añade en caso de necesitarlo:

a) Agua fría para romper la cocción.

b) Agua con hielo.

c) Agua caliente para que no deje de hervir.

d) Agua tibia en grandes cantidades.

30. Las berenjenas a la parrilla hay que cortarlas ½ hora antes para airearlas:

a) Es lo correcto.

b) Podemos cortarlas cuando queramos.

c) No debemos cortarlas con cuchillo.

d) Si hacemos esto, se oxidarán.

2. Realiza los siguientes ejercicios:

1. ¿Por qué son tan importantes las elaboraciones básicas?

2. ¿Cuántos fondos de cocina hay? Explica brevemente cada uno de ellos.

3. Recuerda los caldos y su utilidad.

4. Nombra 4 salsas básicas y explica su elaboración.

5. Concepto de guarnición.

6. ¿Qué condiciones debe tener para cumplir su misión?

7. Las guarniciones se dividen en:

8. Explica 4 formas de elaborar patatas fritas.

9. ¿Para qué se utiliza el puré Parmentier?

10. ¿Qué es el arroz "pillaw"? Explica cómo se realiza.

11. ¿Cómo se pueden servir las hortalizas que se usan como guarnición?

12. ¿Qué son las guarniciones compuestas?

13. Explica cómo elaborar un puchero o consomé.

© Ediciones Rodio

14. ¿Cómo se prepara una sopa de verdura?

15. Igual para elaborar una crema.

16. Comenta brevemente 4 técnicas distintas de elaborar huevos.

17. Explica cómo se prepara el pescado meunière.

18. ¿Cómo se elaboran normalmente las piezas de carne de gran tamaño?

19. Explica que característica especial tienen los garbanzos al elaborarlos.

20. ¿Por qué es importantísimo la participación en la mejora de la calidad?

Unidad Formativa 3

Elaboración de platos combinados y aperitivos

Los platos combinados se elaboran cocinando cada ingrediente por separado y reuniéndolos en un mismo plato con la intención de conseguir una mezcla armónica en todos los sentidos. Debe tener la cantidad adecuada para un comensal, que el elemento principal y la guarnición que lo acompañe sean agradables a la vista y que se complementen los valores nutritivos de ambos.

Los aperitivos son pequeñas porciones de comida que acompañan a la bebida. El origen de esta costumbre es un poco incierto, sin embargo, se dice que en las tabernas, tapaban la copa de vino con un pedazo de jamón serrano u otra butifarra y se le atribuye al rey Alfonso X el Sabio, el haber promulgado un manifiesto en el cual en los mesones castellanos no se sirviese vino si no era acompañado de algo de comida, para prevenir los efectos del alcohol ingerido con el estómago vacío, es por esto que cuando se servía una jarra o vaso de vino tapaban la boca de la copa o la jarra con una tajada de jamón, chorizo u otro embutido con la intención de que comieras el embutido antes de beber la copa.

En definición, los aperitivos (tapas o canapés) son diminutas porciones de alimentos, presentados en cantidades pequeñas que se ofrecen en diferentes eventos y acompañando cualquier tipo de bebida.

Capítulo 1

Elaboración de platos combinados y aperitivos sencillos

Índice

1. Clasificación de los platos combinados y aperitivos

2. Platos combinados

   2.1. Presentación de platos combinados

   2.2. La decoración del plato

3. Aperitivos

   3.1. Tipos de aperitivos

   3.2. Características de los aperitivos

   3.3. Normas a seguir cuando ofrecemos aperitivos

   3.4. Las cantidades

   3.5. Normas para una correcta presentación

   3.6. Utensilios básicos para preparar platos combinados y aperitivos

4. Importancia de los sentidos en la presentación de platos y aperitivos

© Ediciones Rodio

1. Clasificación de los platos combinados y aperitivos

Se clasifican de diferentes formas, y hay que saber definirlos porque cuando tenemos que elaborar un menú, evento o una fiesta debemos saber qué tipo de platos combinados y aperitivos nos conviene ofrecer.

- **Fríos**: son todas aquellas preparaciones que se sirven frías, como las ensaladas, el salpicón, los huevos duros en sus diferentes recetas, etc. Nunca deben presentarse calientes.

- **Calientes**: preparados y servidos en caliente, como albóndigas, filete con patatas, etc.

- **Simples**: no tienen mucha elaboración y se componen generalmente de un solo ingrediente, como fiambre, o aceitunas.

- **Compuestos**: su elaboración es más complicada y están compuestos por diferentes ingredientes como brochetas o pinchos.

- **Industrializados**: se compran ya hechos. Hay multitud de empresas de alimentación que se dedican a elaborar, conservar y distribuir alimentos que antes hacíamos artesanalmente, como las croquetas.

- **Naturales**: son los que elaboramos en la cocina de un restaurante o en casa.

- **Alta dificultad**: son platos o aperitivos que tienen un grado de dificultad en su elaboración.

- **Baja dificultad**: no se necesita ser un experto cocinero para hacerlos, como por ejemplo sándwiches o filetes empanados.

Un mismo aperitivo puede pertenecer a varias categorías, podemos encontrar un aperitivo que sea frío, simple, natural y de baja dificultad.

2. Platos combinados

2.1. Presentación de platos combinados

Un plato bien presentado marca la diferencia de un buen restaurador, pudiendo mejorar o empeorar el sabor final de cualquier elaboración, ya que, como comúnmente se dice: "la comida entra primero por los ojos, a continuación por el olfato y por último por el paladar".

Es fundamental, a la hora de presentar un plato, saber combinar correctamente tanto el sabor y el valor nutricional de los alimentos, como el color y las técnicas de cocción empleadas. Pero además, es muy importante no excederse en la decoración de un plato, ya que la saturación del mismo, transmite la misma impresión que un plato poco decorado.

2.2. La decoración del plato

Para presentar un plato adecuadamente se deben respetar las siguientes normas:

- El color debe ser variado y no repetitivo.

- El ingrediente principal debe estar colocado en un lugar del plato visible, destacando del resto de los ingredientes.

- Los elementos secundarios deben colocarse al hilo del ingrediente principal, sin restarle importancia, ni acaparando la mayor parte del plato, ya que únicamente deben resaltar más sus cualidades.

- La salsa no debe tapar al ingrediente principal, debiéndose colocar debajo del mismo.

- Todos los ingredientes deben ser comestibles.

- El plato, copa o recipiente en el cual se emplata la elaboración debe ser atractivo y muy vistoso, aunque no en exceso, ya que le restaría importancia a la preparación. Actualmente se tiende a utilizar platos muy grandes, de diversas formas y de colores claros.

- Hoy en día se busca el volumen de los ingredientes en la presentación, incluyéndose en un mismo plano la guarnición, la salsa y los elementos decorativos, y en un segundo plano más elevado, el ingrediente principal.

© Ediciones Rodio

3. Aperitivos

3.1. Tipos de aperitivos

- **Cárnicos**: son aquellos en los cuales su ingrediente principal es la carne, ya sea de ave, vaca, pescado o mariscos, como ejemplo podemos nombrar a las croquetas, brochetas, etc.

- **Vegetales**: aperitivos hechos con cualquier tipo de legumbres y hortalizas, como brochetas de vegetales a la brasa.

- **Semillas**: son aquellos frutos como las aceitunas, o frutos secos como el cacahuete, las almendras o pistachos, etc.

- **Fiambres**: son productos elaborados como embutidos (jamón serrano, chorizo, salchichón, etc.) que pueden variar en su calidad. También pondremos en esta categoría los quesos.

- **Mixtos**: cuando intervienen dos o más ingredientes y que llevan harina como ingrediente básico en su elaboración, como las tartaletas, las empanadillas, los pastelitos, etc.

- **Industriales**: son los que ya vienen preparados y listos para su consumo y no aportan ningún nutriente al organismo como por ejemplo las patatas fritas de bolsa.

3.2. Características de los aperitivos

A la hora de realizar aperitivos hemos de tener en cuenta una serie de detalles que estos deben aportar, para hacer los eventos o reuniones a los que están destinados, más amenos y sorprendentes.

1. Deben tener un alto contenido en grasa. Ya que la grasa hace que el alcohol que se consume en una comida de aperitivos, sea mejor digerido.

2. Generalmente deben ser salados. Puesto que químicamente el azúcar y el alcohol no hacen buena mezcla.

3. Deben tener diversos colores para que sean atractivos a los invitados y abran el apetito.

4. Deben tener diversos tamaños y presentaciones para no aburrir al comensal.

5. Deben alternarse aperitivos fríos y calientes.

© Ediciones Rodio

3.3. Normas a seguir cuando ofrecemos aperitivos

Al ofrecer aperitivos en una reunión debemos seguir una sincronización para lograr un mejor servicio. Estas normas vienen bien tanto para una fiesta en casa con amigos, como a nivel profesional en un evento privado.

1. Debemos conocer la hora en que se comienza el servicio. Para calcular el momento en que comenzaremos a preparar, montar o calentar los aperitivos a servir.

2. Debemos tener en cuenta la temporada si queremos ofrecer a nuestros invitados productos frescos. Hay productos o alimentos que alcanzan su plenitud en una cierta época del año, así como también es lógico que en invierno, sirvamos aperitivos ricos en calorías, y en verano sean más ligeros y suaves.

3. Tenemos que conocer la cantidad y tipo de invitados, y prever la llegada de algún acompañante sorpresa. Para poder saber cuántos aperitivos necesito, cuántos por cabeza, cuántas rondas debo servir y qué tipos de aperitivos debo ofrecer. Sería un desastre llevar aperitivos cárnicos a una reunión de vegetarianos.

4. Debemos saber cuánto dura el evento para asegurar la dotación de aperitivos desde el principio hasta el fin de la velada.

5. Debemos conocer el tipo de evento; cuando ofrecemos aperitivos en una fiesta familiar ofrecemos un tipo de aperitivos, estos son diferentes si lo hacemos por ejemplo para la inauguración de una oficina. No se ofrecen los mismos aperitivos en una fiesta infantil que en una reunión en una embajada.

6. Debemos conocer a qué hora se hará el brindis de apertura, pues la primera ronda de aperitivos debe ofrecerse 10 minutos después de este. Esperando el brindis inicial, impedimos la interrupción de un camarero ofreciendo aperitivos mientras el invitado de honor o el anfitrión habla.

7. Tenemos que conocer el tipo de bebidas que se ofrecerá, pues hay aperitivos que no combinan con algún tipo de bebida. Debemos adaptar los

© Ediciones Rodio

aperitivos a la bebida, si esta es fuerte, los aperitivos deben ser fuertes y si son suaves lo contrario.

8. Hay que definir el tipo de aperitivos que ofreceremos. La orden de servicio cuando vamos a realizar un evento, y el número de rondas según la cantidad y variedad de los aperitivos que ofreceremos.

9. Debemos alternar los tipos de aperitivos, no podemos presentar un aperitivo que esté colocado en una tartaleta y el siguiente esté presentado de la misma forma, deberemos cambiar el contenido (ofreciendo aperitivos cárnicos por ejemplo) además de la presentación (presentado en una brocheta).

3.4. Las cantidades

La cantidad mínima dentro de una reunión es que al menos cada persona pueda comer un aperitivo, aunque yo personalmente cuento con 1 ½ por persona. Lo más conveniente para que sea un éxito y nuestros comensales queden satisfechos es que realicemos de 8 a 12 tipos de aperitivos y que sean variados. También podemos meter alternando una ronda de aceitunas o frutos secos servidas en las mesas en envases pequeños, estas siempre son bien recibidas y alivian un poco la presión en la cocina mientras preparamos algún aperitivo de elaboración difícil. Debemos seguir una secuencia al ofrecer los aperitivos, ir de los más suaves al comenzar la fiesta, pasamos a los más fuertes cuando la fiesta está en su clímax y terminamos con aperitivos suaves de nuevo al final de la reunión. Esto nos garantizará que en el momento de mayor volumen e importancia de los invitados, los mejores aperitivos sean ofrecidos.

3.5. Normas para una correcta presentación

– Los géneros que se sirven calientes deben mantener su temperatura hasta el final de la ronda. Se puede utilizar un microondas o un baño María para mantenerlos calientes antes del servicio.

– Los géneros que se sirven fríos deben mantenerse fríos hasta el final de la ronda. Lo que es frío se sirve bien frío, y se mantiene refrigerado en nevera o sobre hielo picado.

© Ediciones Rodio

- Colocar utensilios y herramientas si el aperitivo lo necesita (cucharillas, tenedores, cuchillos, etc.). Si el aperitivo lo requiere, debemos ofrecer utensilios que faciliten su degustación, por ejemplo arroz en pequeños vasitos individuales acompañados de un mini tenedor.

- No debemos sobrecargar las bandejas con aperitivos, además de ser estéticamente feo, es incomodo para el invitado. Debe haber una buena presentación, sin aperitivos unos sobre otros.

- No presentar bandejas ni utensilios rotos, rayados, o sucios. El aperitivo debe estar de acuerdo con la bandeja donde se presenta, por ejemplo, no serviríamos caviar en un vaso desechable de plástico.

- Acompañar los aperitivos con las salsas que sean necesarias si el aperitivo lo requiere.

- Para recolectar los desperdicios debemos utilizar otras bandejas o utensilios, distintos a los de servicio, si el caso lo requiere.

- Decorar con maestría las bandejas a presentar. La decoración debe realzar el producto que estamos presentando, no esconderlo.

- Evitar en lo posible mantener los aperitivos destapados mientras están en reserva para ser presentados luego.

- Darle refrigeración a aquellos aperitivos peligrosos (los que contengan nata, o marisco por ejemplo), generalmente los aperitivos fríos.

3.6. Utensilios básicos para preparar platos combinados y aperitivos

Para desarrollar un corte perfecto o una forma especial es fundamental utilizar herramientas específicas para llevar a cabo dicha acción. Las más usuales son:

- **Cuchillos**: los más utilizados son el cuchillo cebollero, la puntilla, el cuchillo de sierra, el cuchillo de estrías o el deshuesador. Deben estar muy afilados, deben ser de gran calidad y sobre todo deben ser utilizados sobre superficies adecuadas.

- **Pelador**: se utiliza para pelar hortalizas y frutas fundamentalmente (la piel puede servir posteriormente para decorar).

© Ediciones Rodio

- **Anacalador**: se utiliza para formar estrías en la piel de frutas y hortalizas con el fin de embellecer su presentación final.

- **Cucharilla sacabocados**: se utiliza para sacar bolas redondeadas de distintos tamaños de patatas, hortalizas y frutas peladas. También es empleada para retirar las semillas y para vaciar verduras y frutas.

- **Espátula**: se utiliza para transportar géneros a la hora de montar un plato o alisar la superficie y las paredes de un preparado.

- **Tijeras**: se utilizan para recortar con diversas formas géneros o materiales diversos.

- **Rizador de mantequilla**: sirve para realizar diversas formas con mantequilla (bolitas, tiras alargadas, etc.).

- **Rizalimones**: se utiliza para extraer perfectamente la piel de los cítricos. Se le da muchísimo uso en coctelería.

- **Cortapastas**: de diversas formas y tamaños, se utilizan para hacer figuras variadas con masas, mazapán, gelatinas, etc.

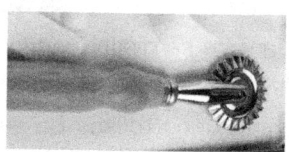

- **Brochas**: sirven para glasear y dar brillo a un preparado. Recordemos que están prohibidas las brochas de madera y "pelos" en las cocinas; hoy en día existen unas brochas de silicona perfectas para su uso en cocina.

- **Manga pastelera**: sirve para dar forma a masas blandas y a cremas. También se utiliza para decorar.

4. Importancia de los sentidos en la presentación de platos y aperitivos

1. **El sabor**: a través de la lengua se reciben cuatro sabores: ácido, dulce, amargo y salado. Es importante combinar perfectamente dichos sabores, de forma equilibrada, ya que excederse en el uso de un ingrediente con un gusto determinado (ácido, dulce, salado o amargo) desvirtúa el sabor final del plato y por tanto su calidad.

© Ediciones Rodio

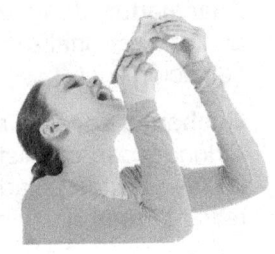

Ejemplo: a pesar de utilizar un lenguado de altísima calidad a la parrilla o cocido al vapor, si se acompaña con una salsa cítrica con gran sabor, la lengua percibirá y globalizará el sabor cítrico y apenas dejará saborear el gusto del pescado. Otros ejemplos los encontramos en un bacalao mal desalado, unas setas mal limpiadas o un postre muy dulce.

2. **El olfato**: la nariz desempeña un papel fundamental, ya que por medio del olfato se perciben los aromas del plato elaborado.

Ejemplo: a través del olfato se pueden reconocer las especias, hierbas aromáticas o aderezos empleados en la elaboración de un plato y la materia o materias primas utilizadas, transmitiéndonos una sensación agradable o desagradable inicial, fundamental para la degustación posterior del plato.

3. **La vista**: a través de la vista se distinguen las formas y los colores de la elaboración, esenciales en la primera impresión del plato.

Ejemplo: si se presentan unos rollitos de salmón del mismo tamaño y forma, bien separados unos de otros, con un color naranja intenso sin ningún tipo de mancha, acompañados de una guarnición con colores variados (verduritas cortadas en juliana y salteadas o lechugas variadas) y por último napados con un poco de salsa holandesa, la primera impresión será mejor que la de un plato con unos rollitos de diferentes tamaños, presentados de forma aleatoria, con manchitas negras propias de una plancha mal limpiada y acompañados de una guarnición cuyos componentes contienen el mismo color.

© Ediciones Rodio

4. **El tacto**: no sólo son las manos las únicas partes de nuestro cuerpo que reciben percepciones táctiles, ya que además la lengua por ejemplo, recibe distintas sensaciones. Dichas partes permiten reconocer la textura de un alimento, su temperatura o su estado.

Ejemplo: el calor de un guiso, el frío de un helado, el crujir de un trozo de zanahoria cruda o el estado de una mousse.

5. **El oído**: el oído desempeña un papel menos importante que el resto de los sentidos, aunque no por ello debemos ignorarlo. Se encarga, al igual que el tacto, de identificar la textura del alimento ingerido o de reconocer el punto de cocción de una elaboración.

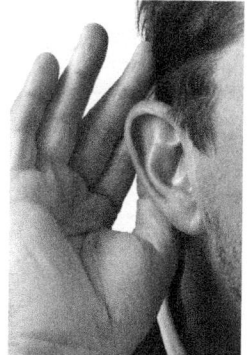

Ejemplo: el crujir de una patata frita o de un volován o el punto de cocción de una hortaliza, como por ejemplo una zanahoria: al dente, cocida, salteada o cruda.

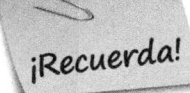

¡Recuerda! ⟩⟩⟩

– Hay que saber cómo presentar correctamente un plato.

– Los aperitivos deben tener unas características y seguir unas normas al ofrecerlos.

– Existen unos utensilios que nos vienen muy bien a la hora de presentar platos y aperitivos.

– Pongamos "todos nuestros sentidos" en nuestras elaboraciones.

⟩⟩⟩

Capítulo 2

Participación en la mejora
de la calidad

ediciones

Índice

Participación en la mejora de la calidad

© Ediciones Rodio

Participación en la mejora de la calidad

Como cocineros-obreros estamos obligados a intentar que todos los procesos que realizamos a la hora de elaborar un plato, desde la recepción de las materias primas hasta el último toque de decoración antes de recibir el plato el comensal, sean de máxima calidad, cuidando todos los detalles y respetando las normas de elaboración así como las tareas de preparación.

En cada uno de los procesos llevados a cabo y en cada una de las técnicas de elaboración (hervir, gratinar, etc.) debemos intentar sacar el máximo rendimiento a la materia prima que estamos manipulando con el objetivo de realizar la elaboración más perfecta que podamos.

Sería un mal gesto y una falta de respeto hacia los comensales, los productos que elaboramos y nosotros mismos, que elaboremos una preparación sin ganas, sin saber o lo que es peor aún, sabiendo cómo es la manera correcta de hacerlo y no hacerlo.

Por eso es importantísimo que conozcamos las técnicas correctas para preparar un alimento y que cuidemos de mejorar siempre la calidad de los productos y el buen resultado final de nuestra elaboración.

Buen provecho.

Actividades

1. Responde a las siguientes cuestiones:

1. ¿Un aperitivo puede ser frío, compuesto y de baja dificultad?

a) Los aperitivos se clasifican solo en un término.

b) Sí, es posible.

c) No, no es posible.

d) Frío y compuesto sí, pero no de baja dificultad.

2. Para presentar un plato el color debe ser:

a) Variado y no repetitivo.

b) Uniforme.

c) Repetitivo y uniforme.

d) El originario de la materia prima.

3. ¿Podemos poner en un plato un ingrediente no comestible?

a) Sí, mientras lo avisemos al comensal.

b) Sí, si nos sirve de decoración.

c) Sí, si nos lo indica el jefe de cocina.

d) No, nunca.

4. Las croquetas son aperitivos:

a) Celiacos.

b) Semillas.

c) Cárnicos, de pescado.

d) Fiambres.

© Ediciones Rodio

5. Debemos hacer aperitivos atractivos para abrir el apetito:

a) Falso.

b) Verdadero.

c) Lo correcto es hacerlos grandes.

d) No importa cómo hacerlos si vamos a dar mucha comida.

6. ¿Es correcto si presentamos dos aperitivos en tartaletas seguidos?

a) Por supuesto.

b) No, es repetitivo y aburrido.

c) Sí, si variamos el contenido.

d) Sí, si variamos el tamaño.

7. ¿Cuál es la cantidad apropiada de aperitivos en un banquete?

a) 3 por persona.

b) 2 por persona y 15 tipos distintos.

c) De 1 a 1 ½ por persona y de 8 a 12 tipos distintos.

d) De 1 a 1 ½ por persona y menos de 6 tipos distintos.

8. Las bandejas o platos sobrecargados de comida son:

a) Estéticamente perfectos.

b) Estéticamente feos pero cómodos.

c) Estéticamente feos e incómodos para los invitados.

d) Lo necesario si no disponemos de mucho material.

9. Un anacalador sirve para:

a) Hacer cortes precisos.

b) Sacar bolas de frutas.

c) Tornear hortalizas.

d) Formar estrías en frutas y hortalizas.

10. ¿Qué sentidos son importantes a la hora de degustar una elaboración?

a) La vista, el oído y el gusto.

b) La vista y el gusto.

c) Vista, gusto, olfato, tacto y oído, es decir, todos.

d) Solo el gusto.

© Ediciones Rodio

2. Realiza los siguientes ejercicios:

1. ¿Cómo se elaboran los platos combinados?

2. ¿Qué son aperitivos?

3. ¿Cómo se clasifican los platos combinados y aperitivos? Di al menos 6.

4. Indica algunas normas en la decoración de platos y aperitivos.

5. Indica algunas normas a la hora de ofrecer aperitivos.

6. ¿Algunos utensilios básicos para preparar elaboraciones compuestas son? Explica al menos 6 de ellos.

7. Explica la importancia del sabor a la hora de una degustación.

Solucionario

>>>

UNIDAD FORMATIVA 1.

Aplicación de normas y condiciones higiénico-sanitarias en restauración

1. Responde a las siguientes cuestiones:

1. d) Controlar que todo esté bien.

2. c) No, no está permitido.

3. a) Facilitar su buen uso y limpieza.

4. b) Ver los alimentos con claridad.

5. c) No, no está permitido por higiene.

6. d) No, nunca.

7. d) No, los registros nos hacen perder tiempo.

8. b) Nunca deben estar juntos.

9. a) Verdadero.

10. a) Debemos avisar para que solucionen el problema.

11. b) Debemos tener cuidado porque está caliente.

12. b) La posibilidad de sufrir un daño como consecuencia del trabajo.

13. a) Triangulares.

14. b) Debe contener toda la información necesaria para una correcta manipulación.

15. d) Antes de manipularla, desconectar de la corriente.

16. d) Acercarnos a la carga, flexionar las rodillas y mantener la espalda recta.

17. c) No, nunca.

18. a) Lipotimia, convulsiones y pérdida de consciencia.

19. d) Donde se dirigirá el personal en una situación de emergencia.

20. c) Proteger, Avisar, Socorrer.

21. c) Donde no existan riesgos para la salud.

22. a) Sí, siempre.

23. c) Desechar lo que no está permitido y comprar utensilios nuevos si son necesarios.

24. a) No, nunca.

25. b) Los alimentos que llevan más tiempo en el almacén son los primeros en salir.

26. a) Debe cumplir la normativa, ser higiénica y facilitarnos la preparación y el servicio.

27. d) Nunca.

28. a) Sí, es lo correcto.

29. d) No, no sabemos si puede haberse contaminado por no estar bien sellada.

30. b) No, podríamos contaminar los alimentos.

31. b) Programa de control de plagas.

32. a) Reducir, controlar o eliminar plagas.

33. d) Sí.

34. a) Falso.

35. c) Avisar al responsable para que tome medidas y evitar plagas.

36. d) Pueden ser perjudiciales para el buen nombre de nuestro establecimiento.

37. d) Insecticidas, cebos, fumigantes.

38. b) Sí.

39. b) Debemos colocarlas en lugares donde pasen desapercibidas para los comensales.

40. c) Acudir a profesionales.

© Ediciones Rodio

41. a) Eliminar suciedades de un soporte.

42. c) Eliminar microorganismos de un soporte.

43. b) No, nunca.

44. b) Bacterias perjudiciales para la salud.

45. d) Alimento, humedad, calor y tiempo.

46. d) A través de manos, ropa y utensilios.

47. a) No, nunca.

48. c) No, porque podemos contaminar alimentos.

49. d) Cuando sea necesario.

50. b) No, pueden contaminarse.

51. b) Sí.

52. c) No, puede estar en mal estado.

53. a) Sí, el huevo es uno de los alimentos de riesgo.

54. c) Lavarlo utilizando las técnicas necesarias.

55. c) Físicas y químicas.

56. a) Sí.

57. d) Una técnica de desinfección.

58. d) Poder protegernos el pecho del calor y posibles quemaduras.

59. c) No, debemos cocinarlos bien.

60. d) Todas las superficies de la cocina.

2. Realiza los siguientes ejercicios:

Respuesta abierta.

UNIDAD FORMATIVA 2.
Realización de elaboraciones básicas y elementales de cocina y asistir en la elaboración culinaria

1. Responde a las siguientes cuestiones:

1. c) Definitivamente no.

2. b) El caldo de la cocción de restos de carne y hortalizas.

3. a) Que la carne y huesos se tuestan.

4. d) Pescados.

5. d) Espesar.

6. c) Marinarla.

7. c) Un fondo oscuro espeso.

8. a) Bechamel.

9. d) Carnes y pescados parrilla.

10. d) Ensaladas.

11. c) Sabor, aspecto y valor nutritivo.

12. b) Delgadas.

13. a) Huevos fritos y carnes parrilla.

14. c) Hinchadas.

15. d) Falso.

16. b) Mantequilla, cebolla y caldo.

17. c) Puede ir también mezclado con el género principal como en las sopas.

18. d) Carnes empanadas, salteadas o asadas.

19. d) Sí, es de patatas.

20. d) Son diversos artículos que forman un conjunto.

21. c) Fría o tibia.

22. c) Con nata.

© Ediciones Rodio

23. a) Verdadero.

24. a) Así se hacen los huevos parisienne.

25. b) Los grandes.

26. d) Manteca clarificada.

27. d) En brasera y al horno.

28. b) Para tapar poros y no perder jugos.

29. c) Agua caliente para que no deje de hervir.

30. d) Si hacemos esto, se oxidarán.

2. Realiza los siguientes ejercicios:

Respuesta abierta.

UNIDAD FORMATIVA 3.
Elaboración de platos combinados y aperitivos

1. Responde a las siguientes cuestiones:

1. b) Sí, es posible.

2. a) Variado y no repetitivo.

3. d) No, nunca.

4. c) Cárnicos, de pescado...

5. b) Verdadero.

6. b) No, es repetitivo y aburrido.

7. c) De 1 a 1½ por persona y de 8 a 12 tipos distintos.

8. c) Estéticamente feos e incómodos para los invitados.

9. d) Formar estrías en frutas y hortalizas.

10. c) Vista, gusto, olfato, tacto y oído, es decir, todos.

2. Realiza los siguientes ejercicios:

Respuesta abierta.

© Ediciones Rodio

Made in the USA
Monee, IL
10 June 2026

53029979R00138